教育『十四五』规划教材

电商主播表达训练教程

李新宇　吴娟娟 ◎ 编著

DIANSHANG ZHUBO BIAODA
XUNLIAN JIAOCHENG

播音与主持艺术专业训练教材

中国传媒大学出版社 · 北京

李新宇，毕业于中国传媒大学，现为山东传媒职业学院播音与主持专业教授、教学指导委员会成员，国家级普通话水平测试员、山东省优秀教师、山东省巾帼建功标兵、山东省朗诵艺术家协会理事，四次获山东省新闻出版广电局嘉奖；荣获山东省教学成果奖特等奖（参与）、二等奖（参与）、三等奖（主持）；主持完成两项省级科研课题，参与六项省级科研课题研究；省级精品课程“播音创作基础”负责人；出版《播音创作基础训练教程》，发表多篇专业论文。

吴娟娟，毕业于中国传媒大学，曾在济南电台新闻频道担任主持人，现为山东传媒职业学院播音与主持专业教师、播音与主持专业（电商主播方向）专业负责人，省级普通话水平测试员，多次荣获学院“优秀教师”“先进个人”荣誉称号；参与省级精品资源共享课“出镜记者现场报道”“播音创作基础”建设；指导学生参加国家级、省市级各类朗诵、主持和电商直播比赛并获奖80余次；发表多篇专业论文。

序 言

在2020年“5G时代+疫情”的背景下，电商直播带货异军突起，国家对直播带货的扶持力度前所未有。2020年5月11日，国家人力资源和社会保障部拟在“互联网营销师”职业下增设“直播销售员”工种，2020年7月份正式颁布了适应时代需求的新工种——直播销售员。这意味着大家熟悉的“电商主播”“带货网红”有了正式的职业称谓，同时也意味着直播带货行业要逐步告别良莠不齐的现状，进入规范有序发展的新阶段。

行业的发展意味着对人才的需求日益扩大。目前高校每年电商主播专业毕业生的数量难以满足企业的需求，且实操性不强。未来三到五年，各类企业设置直播销售部门将成为大势所趋，直播销售员将成为企业当中的香饽饽。

为助力直播带货行业的发展，加强直播销售员技能人才的队伍建设，有些院校开设了电商主播专业，各地也在开展直播销售员职业技能培训，但是目前专业教材急缺。本教材正是在山东传媒职业学院校企合作的电商主播专业方向的教学实践基础上编著的。

《电商主播表达训练教程》面向开设电商主播专业方向的院校、社会办学单位设计内容，侧重于电商主播的语言表达训练。主要内容分为四编，分别是普通话语音训练、电商主播发声训练、电商主播表达技巧训练、电商主播即兴语言表达训练。理论讲述深入浅出，实训内容实战性强，方便专业教师针对学生个体的不同情况选择不同的训练素材，因材施教。

教材的理论内容参考了张颂教授等播音学前辈的多部专著，在每编内容中各有备注。感谢前辈们所做的贡献，使我们受益良多。

实训内容离不开具体素材，相关内容的视频账号、微信公众号、文字作者的姓名，教材均做了备注，在此感谢这些作品的创作者，感谢您的作品为我们的教学工作提供了训练素材。

同时，我们要感谢院系领导的大力支持，没有学院提供的平台，我们难以有创作的机遇与可能；还有可爱的学生们，教材的完成也有他们的一份贡献。

限于时间和水平等原因，本书难免还存在某些问题，第一、二编的作者吴娟娟，第三、四编的作者李新宇恳请前辈、同行和读者不吝赐教，多提宝贵意见！

最后，我们真诚地感谢中国传媒大学出版社的编辑赵欣、张笛、高卓毓给予的支持与帮助，多谢！

山东传媒职业学院

李新宇　吴娟娟

2023 年 4 月于济南

目 录 *Contents*

第一编
普通话语音训练

电商主播虽然不像传统媒体的播音员主持人那样有严格的普通话水平等级要求，但具备扎实的语音发声基本功至关重要，能锦上添花。主播语音规范可以更好地与用户互动，准确地介绍产品信息；用声科学能为声音增添魅力，保护嗓音健康。

第一章　认识普通话

教学目的：学生掌握普通话的概念、特点，音节、音素的概念，理解电商主播说好普通话的重要性。

教学要求：学生掌握以上理论知识。

重点难点：普通话的特点，音节、音素的概念。

课时安排：大课1课时。

一、普通话的概念

普通话是以北京语音为标准音，以北方话为基础方言，以典范的现代白话文著作为语法规范的现代汉民族共同语。普通话是中华人民共和国的通用语言。

汉语一共有七大方言区，即北方方言区、吴方言区、湘方言区、赣方言区、客家方言区、闽方言区、粤方言区。

二、普通话的特点

语音系统简单，音节结构形式较少。

音节中元音占优势，清声母多，听起来清脆响亮。

声调系统简单而又富于变化，四个声调的调值高音成分多，低音成分少，语音高扬清亮，具有高低抑扬的音乐色彩。

音节之间区分鲜明，语音具有节奏感。

词语的双音节变化、轻重格式的区分以及轻声、儿化的使用，使得语言表达更加准确、丰富。

三、普通话的语音概念

要说好普通话，首先要明确以下基本的语音概念。

音节:从听感上能够自然切分的最小的语音片段。一个汉字的读音就是一个音节,音节是语音的基本构成单位。如:“直播”是两个汉字,就是两个音节;“锦上添花”是四个汉字,就是四个音节。

音素:构成语音的最小单位。一个音节由1—4个音素构成。如:啊(ɑ)有1个音素,挨(āi)有2个音素,掰(bāi)有3个音素,窗(chuāng)有4个音素。普通话中共有32个音素,其中,元音音素有10个,辅音音素有22个。

四、电商主播说好普通话的重要性

大力推广、积极普及普通话,有利于消除语言隔阂,促进社会交往,对政治、经济、文化建设和社会发展具有重要意义。

电商主播在各直播平台所做的商品推介与售卖,是面向全国各省、自治区、直辖市的,也就是面向不同方言区用户的。说好普通话有利于商品被更大范围、更多数量的用户所了解、熟悉、接受,进而购买。

第二章　辅音和声母

教学目的：学生理解辅音和声母的概念，掌握声母的发音部位及发音方法。

教学要求：学生掌握声母的发音部位和发音方法，提高辨音能力。

重点难点：普通话声母正确发音部位的定位及方音矫正。

课时安排：大课3课时，小课16课时。

第一节　理论概述

一、辅音与声母的概念

按照汉语语音学的传统分析方法，一个音节可以分为声和韵两部分。声就是声母，是一个汉语音节起头的辅音。声母由辅音承担，是吐字发音准确清晰的基础。它的发音过程短，如果发不好容易出现吃字现象。

辅音，音素的一类。发辅音时，呼出气流较强，在口腔中明显受到阻碍，构成阻碍的部分肌肉紧张。发大部分辅音时，声带不颤动。

汉语普通话语音共有22个辅音，分别是：b、p、m、f、z、c、s、d、t、n、l、zh、ch、sh、r、j、q、x、g、k、h、ng。除了ng外，其余21个辅音都可以做普通话声母。辅音是就音素而言的，声母是就音节而言的，辅音的概念大于声母。

发辅音时，从准备发音到发音结束，一般可以分为成阻、持阻和除阻三个阶段。不同性质的辅音，发音情况也有所不同。

成阻阶段：口腔内的某两个发音部位构成阻碍，是发音动作的起始，要求部位准确。

持阻阶段：准备发音，是正确发音状态的延续，要求积蓄足够的气流，有控制，有一定的力度。

除阻阶段：解除阻碍，声音干脆，弹吐有力。

二、声母的分类

(一)按照发音部位分类

发音部位即气流在口腔中受到阻碍的部位。对于发音部位的准确把握,应该建立在对发音器官的正确认识基础上。人的发音器官包括上唇、下唇、上齿、下齿、齿龈、硬腭、软腭、小舌、舌尖、舌叶、舌面、舌根等,如图 2-1 所示。

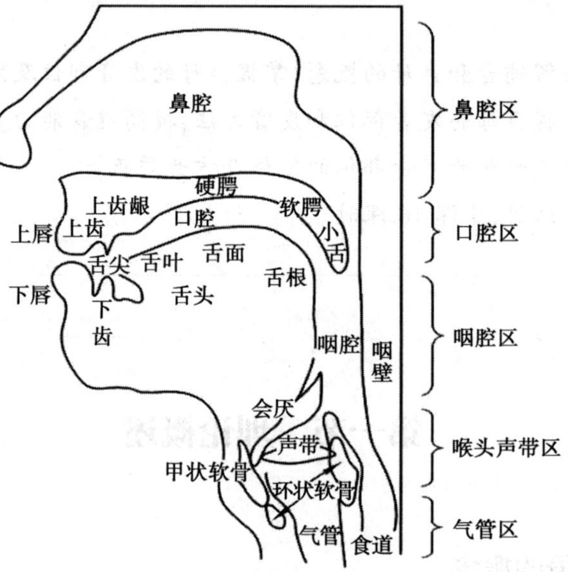

图 2-1 发音器官示意图

普通话声母按照发音部位可分为 7 类。

双唇阻:上唇与下唇成阻,有 b、p、m。

唇齿阻:上齿与下唇内缘成阻,有 f。

舌尖前阻:舌尖与上齿背接触或接近成阻,有 z、c、s。

舌尖中阻:舌尖与上齿龈成阻,有 d、t、n、l。

舌尖后阻:舌尖翘起与硬腭前部接触或接近成阻,有 zh、ch、sh、r。

舌面阻:舌尖轻抵下齿,舌面前部向上接触或接近硬腭前部成阻,有 j、q、x。

舌根阻:舌头后缩,舌根与软腭接触或接近成阻,有 g、k、h。

(二)按照发音方法分类

普通话声母按发音方法可分为 5 种。

塞音:成阻时发音部位两点紧闭;持阻时保持阻碍,将呼出气流蓄在成阻部位之后,引而待发;除阻时发音部位突然打开,气流呼出,爆破成声。塞音有 b、p、d、t、g、k。

擦音：成阻时发音部位两点接近，但不接触，中间留有狭窄缝隙；持阻时呼出气流由发音部位两点间的缝隙挤出，摩擦成声；除阻时摩擦音已结束。擦音有 f、h、x、s、sh、r。

塞擦音：成阻至持阻前段，状态与塞音相同；持阻的后段变为擦音的成阻，发音部位两点接近留有缝隙，使呼出气流挤出，摩擦发出声音，至除阻发音结束。塞擦音有 j、q、zh、ch、z、c。

鼻音：成阻时发音部位两点紧闭，关闭口腔气流通路；持阻时声带颤动，软腭下垂，鼻腔通路打开，声波与呼出气流经口腔转入鼻腔，经口腔与鼻腔双重共鸣作用，气流由鼻孔透出，形成鼻音；除阻时打开口腔通路，发音结束。鼻音有 m、n，以及鼻辅音 ng。

边音：成阻时发音部位两点即舌尖抬起与上齿龈后部接触，舌头的两边留出空隙；持阻时声带颤动，呼出气流与声波从舌前部两边通过后透出；除阻时发音部位两点分开，发音结束。边音有 l。

普通话声母还有送气与否、清与浊的区别。

送气与否：普通话声母送气音与不送气音的区分只存在于塞音与塞擦音中。声母 b、d、g、j、zh、z 发音时呼出气流微弱，为不送气音；声母 p、t、k、q、ch、c 发音时呼出气流较强，有喷发出口的感觉，为送气音。

清浊的区分：发音时声带颤动的为浊音，声带不颤动的为清音。清音发音时呼出气流较强，普通话清音有 17 个：b、p、f、d、t、g、k、h、j、q、x、zh、ch、sh、z、c、s。浊音发音时呼出气流较弱，普通话浊音有 4 个：m、n、l、r。另有只做韵尾的浊辅音 ng。

表 2-1 普通话辅音声母发音表

发音方法			发音部位						
			双唇阻	唇齿阻	舌尖前阻	舌尖中阻	舌尖后阻	舌面阻	舌根阻
			上唇 下唇	上齿 下唇内缘	舌尖 上门齿背	舌尖 上门齿龈	舌尖 前硬腭	舌面 硬腭前部	舌根 软硬腭交界处
塞音	清音	不送气	b			d			g
		送气	p			t			k
擦音	清音			f	s		sh	x	h
	浊音						r		
塞擦音	清音	不送气			z		zh	j	
		送气			c		ch	q	
鼻音	浊音		m			n			ng
边音	浊音					l			

三、零声母

有一些音节开头没有辅音，由单元音或复合音来承担，称为零声母音节。普通话里有 34 个零声母音节。

以 i 自成音节或以 i 起头的音节有 10 个，它们是：i、ia、ie、iao、iou、ian、in、iang、ing、iong。

以 u 自成音节或以 u 起头的音节有 9 个，它们是：u、ua、uo、uai、uei、uan、uen、uang、ueng。

以 ü 自成音节或以 ü 起头的音节有 4 个，它们是：ü、üe、üan、ün。

除 i、u、ü 外，由元音起头的音节有 11 个，它们是：a、o、e、ai、ei、ao、ou、an、en、ang、eng。

第二节 实训内容

一、双唇音 b、p、m 的发音训练

（一）b 双唇阻、不送气、清、塞音

发音要领 成阻时双唇紧闭阻住口腔的气流，挺起软腭，堵住鼻腔通路；除阻时双唇突然打开，爆发而出，气流较少。发音时声带不颤动。

发音提示 阻气要有力，阻气点集中在双唇的中部。不要咧嘴角，双唇自然绷紧。b 的本音不响亮，为了方便训练，在后面加上一个元音 o，构成呼读音 bo。

发音训练

单音节：八 掰 班 邦 包 杯 奔 崩 逼 边 标 瘪 滨 冰 播 卜

双音节：八百 标靶 爸爸 罢笔 白班 百步 败北 摆布 表白 标本 北边
报表 半百 本部 必备 彬彬 冰棒 禀报 补办 播报 报备 步兵

三音节：八宝饭 并蒂莲 拨浪鼓 拔火罐 霸王鞭 趵突泉 博物馆
保不齐 抱不平 背包袱 备不住 本邦菜 避雷器 背黑锅

四音节：八面玲珑 巴山蜀水 拔刀相助 跋山涉水 别出心裁 白璧微瑕
兵不厌诈 拨乱反正 博闻强记 不卑不亢 不动声色 不同凡响

绕口令

八百标兵奔北坡，炮兵并排北边跑，炮兵怕把标兵碰，标兵怕碰炮兵炮。
炮兵攻打八面坡，炮弹排排齐发射。步兵逼近八面坡，歼敌八千八百八十多。
白石塔，白石搭。白石搭白塔，白塔白石搭。搭好白石塔，白塔白又大。

（二）p 双唇阻、送气、清、塞音

发音要领 p 的发音状态与 b 相似，不同的是 p 冲开双唇的气流较强。

发音提示 唇部收紧，接触有力，注意送气的气流不要太强。p 的本音不响亮，为了方

便训练，在后面加上一个元音 o，构成呼读音 po。

发音训练

单音节：趴 拍 攀 乓 抛 呸 喷 怦 披 偏 飘 瞥 拼 平 坡 仆 剖

双音节：爬坡 怕碰 婆婆 泼皮 破屏 陪跑 泡泡 抛盘 攀爬 朋朋

澎湃 匹配 琵琶 瓢泼 偏颇 拼盘 评判 乒乓 品牌 铺平

三音节：拍脑袋 排行榜 牌子曲 判决书 配电盘 喷水池 胖乎乎 碰碰车

普通话 乒乓球 平方米 泼冷水 破冰船 剖宫产 铺路石 葡萄糖

四音节：排忧解难 攀龙附凤 盘根错节 庞然大物 旁敲侧击 怦然心动

披荆斩棘 劈波斩浪 噼里啪啦 疲于奔命 翩翩少年 平分秋色

绕口令

一平盆面烙一平盆饼，饼碰盆，盆碰饼。

半盆冰棒半盆瓶，冰棒碰盆盆碰瓶。盆碰冰棒盆不怕，冰棒碰瓶瓶必崩。

盼盼吃葡萄吐葡萄皮儿，佩佩吃葡萄不吐葡萄皮儿。盼盼说佩佩你吃葡萄要吐葡萄皮儿，佩佩说我吃不吃葡萄都不吐葡萄皮儿。盼盼和佩佩吃葡萄从不乱吐葡萄皮。

（三）m 双唇阻、浊、鼻音

发音要领 成阻时双唇紧闭阻住口腔通路，软腭下降，打开鼻腔通路，舌头自然放平；除阻时的爆发声音较柔和。发音时声带颤动。

发音提示 发 m 时，既不要鼻音色彩太弱，也不要过度地追求鼻腔共鸣的效果。m 的本音不响亮，为了方便训练，在后面加上一个元音 o，构成呼读音 mo。

发音训练

单音节：妈 埋 嫚 牤 猫 枚 门 蒙 咪 棉 喵 咩 民 名 谬 摸 哞 母

双音节：妈妈 麻木 棉麻 默默 眉毛 抹蜜 墨梅 磨面 买卖 卖萌 麦芒

貌美 谋面 谩骂 焖面 盲目 蒙面 密码 面膜 民盟 明码 木马

三音节：磨豆腐 马海毛 麦饭石 卖关子 毛巾被 霉干菜 面包圈 母亲节

迷彩服 猕猴桃 米粉肉 密码锁 绵白糖 棉毛裤 免税区 莫须有

四音节：麻木不仁 眉飞色舞 马到成功 满面春风 隐姓埋名 买椟还珠

墨守成规 茅塞顿开 茫茫林海 目不暇接 明眸善睐 暮鼓晨钟

绕口令

牧童磨墨，墨抹牧童一目墨。

黑猫、白猫、花猫比毛色：黑猫毛色黑，白猫毛色白，花猫毛色有黑又有白。黑猫毛色比白猫毛色黑，白猫毛色比黑猫毛色白，花猫毛色有白又有黑。

白猫手里有一顶白帽，白兔手中有一把白毛。白猫想拿手里的白帽去换白兔手中的白毛,白兔不想用手中的白毛去换白猫手里的白帽。也不知是白猫换了白兔的白毛,还是白兔换了白猫的白帽。

二、唇齿音 f 的发音训练

f 唇齿阻、清、擦音

发音要领 成阻时下唇内缘线接近上齿,形成狭窄缝隙,挺起软腭,堵住鼻腔通路;除阻时气流从缝隙中挤出,摩擦成声。发音时声带不颤动。

发音提示 上齿与下唇形成阻碍时上齿不要咬住下唇发音,否则有发成塞音的趋势。f 的本音不响亮,为了方便训练,在后面加上一个元音 o,构成呼读音 fo。

发音训练

单音节:发 伐 法 珐 翻 凡 反 犯 方 房 访 放 飞 肥 匪
废 分 坟 粉 愤 风 冯 讽 凤 佛 否 夫 扶 斧 付

双音节:发奋 佛法 非凡 犯法 分发 纷繁 分赴 防风 夫妇 愤愤 反腐
风范 蜂房 风帆 反讽 翻覆 付费 福分 丰富 复方 肺腑 仿佛

三音节:发动机 方法论 法西斯 翻白眼 凡士林 反季节 犯不着 方向盘
伏特加 服务生 氟利昂 抚恤金 俯卧撑 腐蚀剂 负资产 附属国

四音节:发人深思 法不责众 凡夫俗子 繁花似锦 反腐倡廉 返璞归真
锋芒毕露 扶摇直上 芳菲四月 附庸风雅 付之一笑 负荆请罪

绕口令

范家有面粉红墙,粉红墙上画凤凰,凤凰画在粉红墙。红凤凰、粉凤凰、红粉凤凰、粉红凤凰、花凤凰。

红防护服红,黄防护服黄。红防护服防蜂,黄防护服防化。红防蜂防护服和黄防化防护服,都是消防防护服,防护服防护危险,守护幸福。

黑化肥发灰,灰化肥发黑;黑化肥发灰会挥发,灰化肥挥发会发黑;黑化肥挥发发灰会花飞,灰化肥挥发发黑会飞花。

三、舌尖前音 z、c、s 的发音训练

(一)z 舌尖前阻、不送气、清、塞擦音

发音要领 成阻时舌尖与上门齿背接触,挺起软腭,堵住鼻腔通路;除阻时舌尖离开上门齿背,较少气流从缝隙中挤出。发音时声带不颤动。

发音提示 避免舌尖伸到两齿中间,发成齿间音。本着“前音稍后”的发音原则,避免

声音偏“尖”偏“嗲”。z 的本音不响亮，为了方便训练，在后面加上一个特殊元音-i（前），构成呼读音 zi。

发音训练

单音节：咂　灾　簪　赃　遭　则　贼　怎　曾　姿　宗　走　租　钻　嘴　尊　昨

双音节：咂嘴　啧啧　自在　在座　再造　栽赃　凿凿　枣子　遭罪　造作　造字

自责　簪子　藏族　增资　总则　粽子　宗族　祖宗　坐姿　最早　罪责

三音节：资格赛　子母扣　紫外线　自然界　赞美歌　砸牌子　再就业　增值税

奏鸣曲　祖母绿　醉醺醺　作用力　座上客　做功课　做买卖　钻山洞

四音节：杂乱无章　载歌载舞　赞不绝口　凿壁偷光　择善而从　贼头贼脑

自得其乐　字里行间　走南闯北　足智多谋　左顾右盼　坐享其成

绕口令

字纸不读制止，造作不读照做。宗不读中，脏不读张，在不读债。自爱不读至爱。

紫茄子，茄子紫。紫茄子结籽，紫茄子皮紫肉不紫。紫茄子结籽，紫茄子皮紫籽也紫。你喜欢吃皮紫肉不紫的紫茄子，还是喜欢吃紫皮紫籽的紫茄子？

（二）c 舌尖前阻、送气、清、塞擦音

发音要领 发 c 音时的状态与发 z 音时基本相似，只是 c 在除阻时摩擦成声的气流较强。

发音提示 要注意的发音问题与 z 的相同。c 的本音不响亮，为了方便训练，在后面加上一个特殊元音-i（前），构成呼读音 ci。

发音训练

单音节：擦　菜　参　仓　操　册　岑　层　疵　匆　凑　促　汆　崔　村　搓

双音节：词彩　测测　此次　次次　猜测　彩瓷　曹操　草丛　残存　参差　仓促

苍翠　寸草　层次　从此　匆匆　淙淙　葱翠　粗糙　措辞　催促　璀璨

三音节：擦边球　财神爷　彩墨画　菜籽油　参考书　残奥会　草珊瑚　策源地

凑份子　粗加工　醋罐子　汆丸子　催化剂　存储卡　撮口呼　脆生生

四音节：才高八斗　财大气粗　存而不论　残垣断壁　惨不忍睹　沧海一粟

草木皆兵　参差不齐　层出不穷　曾经沧海　苍茫大地　从善如流

绕口令

镇江路，镇江醋，镇江名醋出此处，此处专卖镇江醋。老崔次次买此醋，此醋次次是好醋。次次好醋次次买，好醋出在镇江路。

粗树粗，秃树秃。粗树说粗树比秃树粗，秃树说秃树比粗树秃。粗树说粗树树粗树不秃，秃树说秃树树秃树不粗。

（三）s 舌尖前阻、清、擦音

发音要领 成阻时舌尖与上门齿背接近，有狭窄缝隙，挺起软腭，堵住鼻腔通路；除阻时气流从缝隙中挤出。发音时声带不颤动。

发音提示 打开口腔，窄音宽发，不要发出塞擦音的感觉。注意舌体取收势。s 的本音不响亮，为了方便训练，在后面加上一个特殊元音-i（前），形成呼读音 si。

发音训练

单音节：仨 腮 三 桑 扫 色 森 僧 司 松 搜 苏 酸 虽 孙 梭

双音节：飒飒 洒扫 色素 瑟瑟 瑟缩 思索 四散 嫂嫂 缫丝 松散 送伞
搜索 三思 僧俗 诉讼 速速 素色 速算 簌簌 琐碎 酸笋 笋丝

三音节：司务长 私房菜 思想性 死亡率 四季豆 松花蛋 酥油茶 宋体字
速食面 随风倒 酸溜溜 碎片化 丧门星 梭子蟹 所得税 随大流

四音节：塞翁失马 三长两短 散兵游勇 桑田沧海 扫地出门 司空见惯
死去活来 丧权辱国 三山五岳 四面楚歌 飒爽英姿 似是而非

绕口令

孙小珊从苏州买了三件桑蚕丝的塑身针织衫。

三山撑四水，四水绕三山，三山四水春常在，四水三山四时春。

四、舌尖中音 d、t、n、l 的发音训练

（一）d 舌尖中阻、不送气、清、塞音

发音要领 成阻时舌尖抵住上齿龈，挺起软腭，堵住鼻腔通路；除阻时气流冲破阻碍，爆发成声，气流较少。发音时声带不颤动。

发音提示 发音时，部位要准确，舌尖要有力度。d 的本音不响亮，为了方便训练，在后面加上一个元音 e，构成呼读音 de。

发音训练

单音节：耷 呆 单 当 刀 代 灯 低 掂 刁 爹 丁 丢 东 都 抖 嘟 端 堆 吨 多

双音节：打倒 抖动 大肚 打底 歹毒 待定 订单 登顶 低调 担当 倒地
督导 读懂 跌打 底端 导读 电大 对等 到顶 垫底 毒打 都督

三音节：丹凤眼 单簧管 胆固醇 淡水湖 蛋白质 当面锣 对面鼓 挡箭牌
刀削面 导火线 倒春寒 灯芯绒 登革热 等价物 豆腐干 地球村

四音节：答非所问 打抱不平 大有可为 等闲视之 呆若木鸡 单刀直入
豆蔻年华 独具匠心 低声下气 东躲西藏 短兵相接 断壁残垣

绕口令

调到敌岛打特盗,特盗太刁投短刀,挡推顶打短刀掉,踏盗得刀盗打倒。

兜里装豆,豆装满兜,兜破漏豆。倒出豆,补破兜;补好兜,又装豆;装满兜,不漏豆。

黑豆放在黑斗里,黑斗里面装黑豆。不知到底是黑斗比黑豆黑,还是黑豆比黑斗黑。

(二)t 舌尖中阻、送气、清、塞音

发音要领 发 t 音时的状态与发 d 音时基本相似,不同的是除阻时冲破阻碍的气流比较强。

发音提示 注意舌尖力度,找准塞音状态。学会控制气流,避免气流过强声音扑话筒。t 的本音不响亮,为了方便训练,在后面加上一个元音 e,构成呼读音 te。

发音训练

单音节:他　胎　摊　趟　涛　特　疼　梯　天　挑　帖　听　通　偷　突　推　吞　褪　托

双音节:塌台　天堂　谈吐　跳台　滩头　团体　抬头　体贴　通天　贴图
　　　忐忑　头条　厅堂　太甜　套头　谈妥　剔透　铁桶　填涂　头套

三音节:弹簧秤　坦克兵　探亲假　探照灯　唐三彩　糖葫芦　掏腰包　桃花酿
　　　填鸭式　投递员　团体操　托儿所　贴标签　通心粉　同期声　筒子楼

四音节:堂堂正正　滔天巨浪　昙花一现　脱胎换骨　谈虎色变　桃李不言
　　　同心同德　童言无忌　偷天换日　头头是道　投其所好　讨价还价

绕口令

老唐端蛋汤,踏凳登宝塔,只因凳太滑,汤洒汤烫塔。

断头台倒吊短单刀,歹徒登台偷短刀,断头台塌盗跌倒,对对短刀叮当掉。台上吊刀,刀倒吊。

大兔肚子大,小兔肚子小。大兔比小兔肚子大,小兔比大兔肚子小。

(三)n 舌尖中阻、浊、鼻音

发音要领 成阻时舌尖抵上齿龈,阻塞口腔通路;除阻时软腭下降,鼻腔通路打开,音波和气流从鼻腔透出,声音较柔和。发音时声带颤动。

发音提示 发音时部位、方法要准确。既不要鼻音色彩太弱,也不要过度追求鼻腔共鸣的效果。n 的本音不响亮,为了方便训练,在后面加上一个元音 e,读音 ne。

发音训练

单音节:那　乃　妞　囊　农　讷　馁　能　暖　拈　娘　酿　鸟　捏　您

双音节:哪呢　那年　奶奶　难能　能耐　拿捏　挠挠　牛奶　恼怒　男女
　　　南宁　呢喃　浓浓　牛腩　讷讷　袅袅　袅娜　扭捏　年年　挪挪

三音节：拿架子 哪门子 那达慕 纳税人 乃至于 南极圈 内分泌 奈何桥
霓虹灯 逆时针 匿名信 年龄段 娘娘腔 尿不湿 捏把汗 能量石

四音节：拿腔拿调 奶声奶气 耐人寻味 南柯一梦 难分难舍 努力拼搏
年富力强 恼羞成怒 念念不忘 鸟语花香 蹑手蹑脚 泥潭深陷

绕口令

牛牛要吃河边柳，妞妞赶牛牛不走，妞妞护柳扭牛头，牛牛扭头瞅妞妞。牛牛要顶小妞妞，妞妞怒牛扭牛头，吓得牛牛扭头走。

牛郎恋刘娘，刘娘念牛郎。牛郎年年恋刘娘，刘娘年年念牛郎，郎恋娘来娘念郎。

（四）l 舌尖中阻、浊、边音

发音要领 成阻时舌尖抵住上齿龈，挺起软腭，堵住鼻腔通路；除阻时气流和音波从舌头的两边流出。发音时声带颤动。

发音提示 注意区分 n 和 l，它们虽然都是舌尖中阻，但是发音方法不一样。n 是鼻音，l 是边音。l 的本音不响亮，为了方便训练，在后面加上一个元音 e，构成呼读音 le。

发音训练

单音节：垃 礼 喇 腊 来 赖 兰 懒 烂 啷 郎 朗 浪 捞 劳 老

双音节：拉力 留恋 来历 劳累 老路 勒令 理论 流量 伦理 琉璃 力量
另类 莅临 露脸 联络 浏览 榴梿 嘹亮 淋漓 轮流 拉链 领略

三音节：拉丁舞 喇嘛教 腊八节 来得及 癞蛤蟆 兰花指 拦河坝 蓝田人
路由器 篮球鞋 劳动节 老百姓 乐呵呵 冷板凳 离合器 冷酸灵

四音节：拉帮结伙 来龙去脉 落英缤纷 郎才女貌 狼心狗肺 浪子回头
劳民伤财 牢不可破 老当益壮 朗朗乾坤 乐此不疲 另起炉灶

绕口令

刘奶奶买牛奶，牛奶奶买牛肉，刘奶奶拿错了牛奶奶的牛肉，牛奶奶错拿了刘奶奶的牛奶。

兰兰栾栾拉拉队里连连练，兰兰穿蓝衣练，栾栾穿绿衣练，前面站的是穿蓝衣的刘兰兰，后面站的是穿绿衣的郎栾栾。

五、舌尖后音 zh、ch、sh、r 的发音训练

（一）zh 舌尖后阻、不送气、清、塞擦音

发音要领 成阻时舌尖与前硬腭接触，挺起软腭，堵住鼻腔通路；除阻时舌尖离开上齿龈后部，较弱气流从缝隙中摩擦而出。发音时声带不颤动。

发音提示 发音时不要把塞擦音发成塞音,双唇不能外翻。zh 的本音不响亮,为了方便训练,在后面加上一个特殊元音-i(后),构成呼读音 zhi。

发音训练

单音节:扎 宅 占 张 招 折 贞 争 之 中 州 朱 抓 拽 专 妆 追 丈

双音节:扎针 榨汁 褶皱 珍重 专著 执照 纸质 蜘蛛 直至 支柱 执着
指正 债主 招展 折纸 周转 战争 辗转 斟酌 漳州 郑州 中转

三音节:遮阳帽 侦察机 正能量 政务院 芝麻官 中国梦 主旋律 织女星
脂肪酸 直升机 植树节 志愿军 注射器 专业课 转氨酶 庄稼地

四音节:掌上明珠 仗势欺人 招摇过市 朝思暮想 主力部队 照本宣科
震慑有力 振振有词 争奇斗艳 正本清源 知己知彼 张牙舞爪

绕口令

知之为知之,不知为不知。不以不知为知之,不以知之为不知,唯此才能求真知。

郑志折竹枝,竹枝制竹纸。侄子撕竹纸,郑志忙制止。侄子被告知,写字惜字纸。

(二)ch 舌尖后阻、送气、清、塞擦音

发音要领 发 ch 音时的状态与发 zh 音时基本相似,不同点是除阻时 ch 气流较强。

发音提示 要注意的问题与 zh 的基本相同。ch 的本音不响亮,为了方便训练,在后面加上一个特殊元音-i(后),构成呼读音 chi。

发音训练

单音节:叉 拆 掺 昌 抄 车 抻 撑 吃 充 抽 出 揣 川 窗 吹 春 戳 绰

双音节:叉车 查重 差错 茶厂 车程 撤出 彻查 驰骋 赤诚 踟蹰 拆除
超车 惆怅 潺潺 传抄 充斥 春城 戳穿 出场 初春 传承 创产

三音节:产权证 颤巍巍 长毛绒 超短裙 朝鲜族 炒鱿鱼 持久战 陈列室
车把式 敞篷车 唱反调 抄后路 撑门面 吃老本 传帮带 闯关东

四音节:彻夜不眠 尘埃落定 沉鱼落雁 叱咤风云 赤手空拳 冲锋陷阵
重整旗鼓 宠辱不惊 愁眉苦脸 超凡脱俗 察言观色 乘风破浪

绕口令

初春的长春涌春潮,处处传唱春潮早。春花春雨春风到,潮起潮涨在今朝。

蝉常树里藏,树里常藏蝉。蝉常树上唱,树上蝉常唱。

(三)sh 舌尖后阻、清、擦音

发音要领 成阻时舌尖与硬腭接近,有狭窄缝隙,挺起软腭,堵住鼻腔通路;除阻时气流从缝隙中摩擦而出。发音时声带不颤动。

发音提示 发音时控制好呼出的气流，防止舌两边翻卷。sh 的本音不响亮，为了方便训练，在后面加上一个特殊元音-i(后)，形成呼读音 shi。

发音训练

单音节：杀 筛 山 伤 捎 奢 申 升 失 收 书 唰 甩 拴 双 谁 吮 说

双音节：姗姗 山石 伤势 上市 盛世 少数 射手 神兽 哨声 诗书
师生 水势 商社 省市 审视 顺势 书商 熟识 试试 售书

三音节：煞风景 山核桃 闪光灯 商品粮 上网卡 少先队 摄氏度 申请表
身份证 审计师 升降机 生产力 时间差 食物链 使眼色 世界观

四音节：杀鸡取卵 沙里淘金 煞有介事 删繁就简 伤风败俗 审时度势
舍生忘死 声东击西 绳之以法 失魂落魄 石破天惊 山水相连

绕口令

时老师学时事，时事学习看报纸。常看报纸要多思，报纸登的是时事。

四是四，十是十，十是十，四是四。四十四个十四十，十四十个四十四，十四是十四，四十是四十。谁说十四是"时事"就打谁十四，谁说四十是"事实"就打谁四十。谁能说准四十、十四、四十四，就请谁来试一试。

（四）r 舌尖后阻、浊、擦音

发音要领 发 r 音时的状态与发 sh 音时相似，只是发 r 音时声带颤动。

发音提示 注意与舌尖后不圆唇元音-i(后)的读音相区别。r 的本音不响亮，为了方便训练，在后面加上一个特殊元音-i(后)，构成呼读音 ri。

发音训练

单音节：然 染 嚷 荣 攘 让 饶 扰 绕 惹 热 人 忍 认 扔 入

双音节：惹人 热熔 日日 扰攘 柔软 柔弱 冉冉 柔韧 忍让 荏苒 忍辱
荣辱 仁人 嚷嚷 仍然 融入 容忍 如若 濡染 荣任 软弱 闰日

三音节：燃烧弹 绕口令 惹是非 热传导 热带鱼 热门货 让我来
人民币 认识论 日全食 溶解度 软包装 软广告 肉联厂

四音节：任劳任怨 日理万机 日月如梭 人云亦云 若即若离 燃眉之急
容光焕发 如数家珍 软磨硬泡 乳臭未干 入乡随俗 锐不可当

绕口令

日头热，晒人肉，晒得心里好难受。晒人肉，好难受，晒得头上直冒油。

肉炒豆，豆炒肉，肉是肉，豆是豆。肉炒豆肉里有豆，豆炒肉豆里有肉。

夏日无日日亦热，冬日有日日亦寒。春日日出天渐暖，晒衣晒被晒褥单。秋日天高复云淡，遥看红日迫西山。

六、舌面音 j、q、x 的发音训练

(一) j 舌面阻、不送气、清、塞擦音

发音要领 成阻时舌面前部抵住硬腭前部，挺起软腭，堵住鼻腔通路；除阻时舌面前部离开硬腭前部，气流从窄缝中挤出，摩擦成声，气流不明显。发音时声带不颤动。

发音提示 发音时找准发音部位，掌握好塞擦音的发音状态。不要让舌尖碰到牙齿或处于两齿之间，防止出现尖音。注意舌体的力度，舌体要取收势。j 的本音不响亮，为了方便训练，在后面加上一个元音 i，构成呼读音 ji。

发音训练

单音节：击　加　尖　江　交　阶　巾　京　炅　纠　拘　捐　撅　军　机　井

双音节：寄居　基金　激将　家居　剪辑　间距　简洁　检举　金橘　讲解　降价
计价　加价　竞价　焦距　计件　经纪　解酒　降解　聚居　纪检　进价

三音节：机关枪　鸡心领　基本法　激光器　及时雨　健身操　吉祥物
经纪人　晶状体　精密度　净产值　敬老院　救生服　镜头盖

四音节：饥不择食　鸡犬升天　急风暴雨　积少成多　精益求精　箭在弦上
将计就计　奖勤罚懒　匠心独运　交头接耳　江洋大盗　蛟龙出海

绕口令

就近几家鸡皆叫，叫惊就近寂静街。

静静买雌鸡，仔细看雌鸡，四只小雌鸡，叽叽好欢喜，静静笑嘻嘻。

(二) q 舌面阻、送气、清、塞擦音

发音要领 发 q 音时的状态与发 j 音时基本相似，不同点是 q 除阻时摩擦成声的气流较强。

发音提示 要注意的问题与 j 的相同。注意控制气流不要太强。q 的本音不响亮，为了方便训练，在后面加上一个元音 i，构成呼读音 qi。

发音训练

单音节：七　掐　千　枪　悄　切　钦　青　穷　丘　区　圈　缺　逡　求　轻

双音节：漆器　恰恰　翘起　悄悄　铅球　求签　清秋　曲奇　亲戚　秋千　轻巧
亲切　秦琼　气球　祈求　确切　群情　倩倩　前期　欠钱　前去　亲情

三音节：七弦琴　奇异果　起搏器　起重机　千里马　曲别针　全球化
牵牛花　潜台词　抢镜头　强迫症　青霉素　全家福　强心针

四音节：七步之才　凄风冷雨　欺上瞒下　欺世盗名　齐头并进　情到深处

其貌不扬　棋逢对手　旗开得胜　气定神闲　清风流水　强手如林

绕口令

琴琴擎起氢气球，氢气球轻轻起。氢气球起琴琴喜，气球不起琴琴气。

七加一，七减一，加完减完等于几？七加一，七减一，加完减完还是七。

七巷一个漆匠，西巷一个锡匠；七巷的漆匠偷了西巷锡匠的锡，西巷的锡匠拿了七巷漆匠的漆。七巷的漆匠气西巷的锡匠拿了漆，西巷的锡匠讥七巷的漆匠偷了锡，请问漆匠和锡匠，你们谁拿了谁的漆？谁偷了谁的锡？

(三) x 舌面阻、清、擦音

发音要领 成阻时舌尖轻抵下齿背，舌面前部接近硬腭前部，形成缝隙，挺起软腭，堵住鼻腔通路；除阻时气流从缝隙中挤出，摩擦成声。发音时声带不颤动。

发音提示 注意保持擦音状态，不要发成塞擦音。发音时，前音后发，窄音宽发。x 的本音不响亮，为了方便训练，在后面加上一个元音 i，构成呼读音 xi。

发音训练

单音节：夕　虾　仙　县　乡　肖　些　心　兴　凶　休　吁　轩　削　穴　勋

双音节：校训　休息　闲暇　消协　新型　写信　鲜香　信息　现行　嬉戏　想象
斜向　相向　消夏　休学　馨香　香薰　鲜血　喜讯　新修　枭雄　新戏

三音节：西凤酒　吸铁石　牺牲品　洗涤剂　细胞核　想象力　休闲服　消费税
小百货　小数点　笑面虎　心电图　新媒体　西洋镜　下功夫　显示器

四音节：息事宁人　喜出望外　稀里糊涂　惜墨如金　嬉皮笑脸　休养生息
信誓旦旦　星火燎原　行云流水　形影不离　兴高采烈　胸有成竹

绕口令

纪小西和席小溪，两人在校爱学习，期期考试争第一。

新针纫新线，新线纫新针。针纫线，线纫针，新针新线心情新。

稀奇稀奇真稀奇，麻雀踩死老母鸡，蚂蚁身长三尺七，七十岁的老头儿躺在摇篮里。

七、舌根音 g、k、h 的发音训练

(一) g 舌根阻、不送气、清、塞音

发音要领 成阻时舌根抵在软腭与硬腭交界处，挺起软腭，堵住鼻腔通路；除阻时少量气流冲破阻碍爆发成声。发音时声带不颤动。

发音提示 成阻部位不能太靠后，否则容易出现“卡痰音”，要有意识地后音前发。g 的本音不响亮，为了方便训练，在后面加上一个元音 e，构成呼读音 ge。

发音训练

单音节：旮 该 肝 纲 高 戈 个 给 根 耕 弓 勾 估 瓜 乖 关 光 归

双音节：哥哥 葛根 高估 改革 改稿 光顾 高歌 够格 故宫 梗概

巩固 公共 国歌 骨干 故国 古怪 果敢 国光 观光 逛逛

三音节：高压锅 歌舞剧 更年期 工程师 够意思 古体诗 瓜皮帽 钢七连

观察员 冠军赛 管弦乐 广场舞 国防军 滚雪球 果品店 高规格

四音节：肝胆相照 感恩图报 刚愎自用 高不可攀 歌功颂德 公而忘私

各奔东西 根深叶茂 光彩夺目 供不应求 拱手相迎 功德无量

绕口令

哥挎瓜筐过宽沟，赶快过沟看怪狗。光看怪狗瓜筐扣，瓜滚筐空哥怪狗。

大哥有大锅，二哥有小锅。大哥要换二哥的小锅，二哥不换大哥的大锅。

哥哥过河捉个鸽，回家割鸽来请客。客人吃鸽炖鸽肉，哥哥请客乐呵呵。

(二)k 舌根阻、送气、清、塞音

发音要领 发 k 音时的状态与发 g 音时相似，不同点在于 k 除阻时呼出的气流比较强。

发音提示 注意调控和节制气流，气流过强声扑话筒，字音的清晰度会受损。k 的本音不响亮，为了方便训练，在后面加上一个元音 e，构成呼读音 ke。

发音训练

单音节：咖 卡 开 凯 忾 刊 坎 看 康 扛 考 铐 苛 咳 可

双音节：开垦 可控 刻苦 开阔 看开 侃侃 扣款 慷慨 空旷 苦口

夸口 扩宽 宽阔 亏空 款款 困苦 框框 旷课 狂砍 矿坑

三音节：咖啡厅 卡路里 看家戏 看不起 扛长工 抗生素 靠得住 开路者

扣扣子 科学院 客套话 口水战 狂犬病 快节奏 抗日剧 凯旋门

四音节：开门见山 看破红尘 靠山吃山 磕磕绊绊 恪尽职守 空中楼阁

可歌可泣 克敌制胜 快马加鞭 宽宏大量 款款深情 开卷有益

绕口令

昆昆捆葱绳，葱绳捆得松。绳松葱捆松，捆松捆漏葱。昆昆拾葱捆葱绳，捆紧葱绳不漏葱。

柯柯口渴要水喝，可可喝水口不渴。柯柯要喝可可的水，可可的水给柯柯喝。柯柯喝水解了渴，谢谢可可给水喝。

小凯扣扣使劲扣，小康扣扣对准扣。小凯不会对准扣，小康没有使劲扣。小凯对准使劲扣，小康使劲对准扣。小凯小康学扣扣，相互学习扣好扣。

(三)h 舌根阻、清、擦音

发音要领 成阻时舌头后缩,舌根隆起接近软腭与硬腭的交界处,形成缝隙;除阻时气流从缝隙中挤出,摩擦成声。发音时声带不颤动。

发音提示 发 h 音时,注意控制气流,不要用力过猛,不要发成塞音状态。h 的本音不响亮,为了方便训练,在后面加上一个元音 e,构成呼读音 he。

发音训练

单音节:哈 嗨 憨 夯 毫 呵 黑 痕 哼 轰 侯 乎 花 怀 欢 慌 灰 昏 活

双音节:黄河 含混 喊话 航海 豪华 浩瀚 行话 火红 和缓 合伙 汇合
会话 呼唤 互换 胡话 花卉 淮河 缓和 谎话 槐花 悔恨 绘画

三音节:哈哈镜 海岸线 汉白玉 汉堡包 航空兵 好朋友 哼着歌 喉塞音
和平鸽 荷包蛋 黑茫茫 横断面 轰炸机 户口簿 护城河 花生酥

四音节:海角天涯 含辛茹苦 好事多磨 何去何从 荷枪实弹 回肠荡气
哄堂大笑 红光满面 和颜悦色 后发制人 患难之交 浩浩荡荡

绕口令

红木方,黄木方,红黄木方搭木房,搭的木房红混黄。

华华有两朵黄花,红红有两朵红花。华华要红花,红红要黄花。华华送给红红一朵黄花,红红送给华华一朵红花。

会糊我的粉红活佛花,就糊我的粉红活佛花。不会糊我的粉红活佛花,就别混充会糊活佛花,不要糊坏了我的粉红活佛花。

第三章　元音和韵母

教学目的：学生理解元音和韵母的概念，元音和韵母的发音特点、分类。

教学要求：学生掌握元音和韵母的发音要领，提高辨音能力。

重点难点：普通话元音和韵母的发音要领。

课时安排：大课 4 课时，小课 16 课时。

第一节　理论概述

一、元音和韵母的概念

元音，音素的一种。发元音时气流在口腔中不受明显阻碍，呼出气流较弱，发音器官肌肉均衡紧张，声带颤动，声音响亮清晰。

汉语音节中，声母以后的部分叫韵母。韵母由单元音或复合元音充当，普通话韵母有 39 个，其中包括 10 个单元音韵母、13 个复合元音韵母、16 个鼻韵母。

元音是就音素本身的性质来说的，韵母是就汉语的音节结构而言的；韵母的范围要大于元音，韵母中除了单元音韵母外，还有复合元音韵母和鼻韵母，它们都是两到三个元音或元音加上辅音的组合。

韵母可以分为韵头、韵腹和韵尾三部分，如 iao：i 是韵头，ɑ 是韵腹，o 是韵尾。不是所有的韵母都必须具备这三个部分，但韵腹必不可少。当韵母由单元音充当时，这个元音就是韵腹，如 ɑ；当韵母由两个或三个元音充当时，开口度最大、声音最响亮的那个元音是韵腹，如 iɑ、iang 当中的 ɑ；有的韵母只有韵头和韵腹，如 iɑ：i 是韵头，ɑ 是韵腹；有的韵母只有韵腹和韵尾，如 ei：e 是韵腹，i 是韵尾。

二、韵母的分类

(一)按照内部结构特点分类

1.单元音韵母

单元音韵母是由单元音充当的韵母。普通话中有10个单元音韵母,分别为舌面元音韵母7个:ɑ、o、e、ê、i、u、ü;特殊元音韵母3个:舌尖元音韵母-i(前)、-i(后)和卷舌元音韵母er。发舌面元音时,起主要作用的是舌面,舌位的高低、前后及唇形的圆展决定其音色。舌面元音舌位图见图3-1。

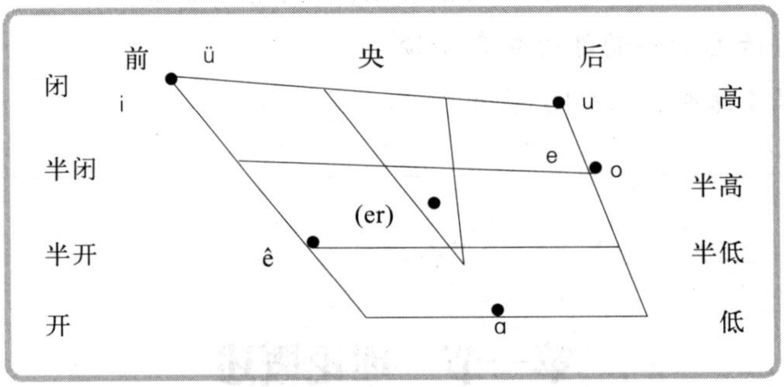

图3-1 舌面元音舌位图

舌位:发元音时舌面隆起的最高点,即近腭点。

舌面元音舌位图:四个端点分别表示发音时舌头在口腔中上、下、前、后的四个极端位置。用直线将四个端点连接起来形成一个四边形,四边形横面分为前、央、后,用以表示舌位的前后;竖面分为高、半高、半低、低,用以表示舌位的高低。舌位越高,口腔越趋于闭;舌位越低,口腔越趋于开。竖线的左侧标记不圆唇音,右侧标记圆唇音。

特殊元音:普通话语音中以舌尖运动或卷舌动作形成的元音音素。

舌尖元音:特殊元音的一种,靠舌尖运动形成的元音音素。它包括舌尖元音-i(前)和舌尖元音-i(后)。

卷舌元音:特殊元音的一种,靠卷舌动作形成的元音音素。普通话中只有一个卷舌元音er。

单元音韵母的发音特点:

(1)元音音素是普通话中的重要成分,发每个元音都要注意口形的开闭,舌位的高低、前后,以及唇形的圆展,把握好分寸,口形、舌位必须准确。

(2)普通话语音中的元音都是从口腔发音的,应避免元音鼻化。

(3)采取开音稍闭、闭音稍开,前音稍后、后音稍前,圆唇稍展、展唇稍圆的方法,使单韵母的发音在语流中更响亮、清晰、集中。注意上述方法只能在每个元音允许的范围内使用。

2. 复合元音韵母

复合元音韵母简称复韵母，由两个或三个元音组合而成。普通话中共有 13 个复合元音韵母。在单元音发音过程中，舌位的前后、高低以及唇形圆展没有移动、变化。在复合元音的发音过程中，舌位的前后、高低和唇形的圆展会发生连续的移动、变化。我们把舌位移动的过程叫作“舌位的动程”。

二合复韵母里首音响亮、清晰的叫前响二合复韵母，有 4 个：ai、ei、ao、ou。

二合复韵母里尾音响亮、清晰的叫后响二合复韵母，有 5 个：ia、ie、ua、uo、üe。

三合复韵母里中间的元音最响亮、清晰，叫中响三合复韵母，有 4 个：iao、iou、uai、uei。

复韵母的发音特点：

(1)发音时不是简单的两个或三个元音相加，而是元音舌位的滑动变化，各音素之间的滑动结合要紧密。

(2)各元音的响度不等，有主有次，韵腹的口腔开度最大，发音最响亮，发音持续时间较长。

(3)前响二合复韵母发音时先强后弱；后响二合复韵母发音时先弱后强；三合复韵母发音时由弱到强，再由强到弱。

3. 鼻韵母

带鼻尾音的韵母简称鼻韵母，就是元音音素的后面带一个鼻辅音作韵尾（尾音）的韵母。普通话韵母只有两个辅音韵尾：n 和 ng。

以 n 结尾的是前鼻音韵母，有 8 个：an、ian、uan、üan、en、in、uen、ün。

以 ng 结尾的是后鼻音韵母，有 8 个：ang、iang、uang、eng、ing、ueng、ong、iong。

鼻韵母的发音特点：

(1)鼻辅音作韵尾和它前面的元音音素结合很紧密，元音音素和鼻尾音之间不是简单的相加关系，而是有舌位移动的过程。

(2)在由元音舌位向鼻辅音韵尾移动时，元音音素发音的后半段由于受到后面鼻辅音的影响，会出现一段较短的半鼻化作为过渡，注意元音不要过早鼻化。

(3)在语音训练中，注意不能丢掉鼻尾音，更不能把鼻尾音直接发成鼻化元音，也就是不能不归韵，但又不能归过了，鼻韵尾要一发即收。

(4)元音接续鼻尾音的过程，是由舌面前部或舌根抬起来完成的，不可以改变口腔开度来“帮助”舌的运动。

(二)按照四呼进行分类

普通话韵母按开头元音的唇形特点和舌位不同可分为开口呼、齐齿呼、合口呼、撮口呼，简称为“四呼”。

开口呼指不以 i、u、ü 起头，韵腹又不是 i、u、ü 的韵母，有 15 个：a、o、e、ai、ei、ao、ou、an、 en、ang、ong、ê、-i(前)、-i(后)、er。

齐齿呼指韵头或韵腹是 i 的韵母,有 9 个:i、ia、ie、iao、iou、ian、in、iang、ing。

合口呼指韵头或韵腹是 u 的韵母,有 10 个:u、ua、uo、uai、uei、uan、uen、uang、ueng、ong。

撮口呼指韵头或韵腹是 ü 的韵母,有 5 个:ü、üe、üan、ün、iong(按 iong 的实际发音排列)。

第二节　实训内容

一、单元音韵母的发音训练

(一)舌面元音韵母:ɑ、o、e、ê、i、u、ü

1. ɑ 舌面、央、低、不圆唇元音

发音要领 口腔打开,舌头自然平放,舌尖轻抵下齿背,舌面中部稍后微微隆起,舌位央低,双唇自然展开。发音时声带颤动,打开后声腔,挺起软腭,堵住鼻腔通路。

发音提示 单发 ɑ 音时位置要准确。ɑ 音偏前,声音容易发"嗲",听来不够大方、庄重;ɑ 音偏后,容易压喉,声音会显得苍老。口腔开度过大,外观不美且不容易控制气流,声音难以集中成声束发送,听上去松散;口腔开度过小,难以拉开立起,声音发扁;还要防止 ɑ 音鼻化。

发音训练

单音节:阿　吧　妈　发　搭　他　那　拉　嘎　喀　哈　喳　叉　杀　哑　擦　仨

双音节:爸妈　马达　踏马　吧嗒　扒拉　芭莎　啪嗒　妈妈　麻辣　马扎　蚂蚱
　　　　大坝　打卡　喇叭　大码　腊八　喇嘛　咔嚓　哈达　拉杂　旮旯　沙茶

三音节:巴拿马　加拿大　雅加达　察哈尔　亚细亚　娃娃鱼　哈萨克　达喀尔
　　　　马自达　打哈哈　大踏步　那达慕　咖啡厅　喀秋莎　阿拉伯　哈尔滨

四音节:八面威风　拔苗助长　马首是瞻　发人深省　发扬光大　罚不当罪
　　　　打草惊蛇　大步流星　他山攻错　插翅难飞　煞费苦心　杂乱无章

绕口令

八只小白兔,住在八棱八角八座屋。八个小孩要逮八只小白兔,吓得小白兔不敢再住八棱八角八座屋。

白老八门前栽了八棵白果树,从北边飞来了八个白八哥儿不知在哪住。白老八拿了八根大木棍儿要打八个白八哥儿,八个白八哥儿飞上了八棵白果树,不知道白老八拿这八根大木棍儿打着了八个白八哥儿,还是打着了八棵白果树。

2. o 舌面、后、半高、圆唇元音

发音要领 口腔半闭，舌位后半高，舌后缩，舌面后部隆起，舌面两边微卷，舌面中部稍凹，双唇自然拢圆。发音时声带颤动，挺起软腭，堵住鼻腔通路。

发音提示 发 o 时口腔比发 a 时略窄，舌面两边微卷，嘴角略撮，但不要噘唇。后音稍向前发，不要太靠后。o 与声母拼在一起时，不能发成 e，如 bo 不能发成 be。o 是单元音，唇形和舌位不允许有动程，不能发成 uo。

发音训练

单音节：噢 哦 拨 伯 跛 擘 坡 婆 叵 破 摸 磨 抹 墨 佛

双音节：饽饽 伯伯 勃勃 薄膜 婆婆 泼墨 摸摸 馍馍 磨墨 默默

三音节：博览会 破天荒 窝窝头 泼脏水 陌生人 磨洋工 玻璃墙 佛手爪

四音节：博采众长 博古通今 颇具影响 波澜壮阔 莫名其妙 迫不得已

迫在眉睫 默默无闻 模棱两可 没齿难忘 破釜沉舟 佛光普照

绕口令

白伯伯，彭伯伯，饽饽铺里买饽饽。白伯伯买的饽饽大，彭伯伯买的大饽饽。拿到家里给婆婆，婆婆又去比饽饽。不知白伯伯买的饽饽大，还是彭伯伯买的饽饽大？

婆婆和嬷嬷，来到山坡坡，婆婆默默采蘑菇，嬷嬷默默拔萝卜。婆婆拿了一个破簸箕，嬷嬷带了一个薄笸箩，婆婆采了半簸箕小蘑菇，嬷嬷拔了一笸箩大萝卜。婆婆采了蘑菇换饽饽，嬷嬷卖了萝卜买馍馍。

3. e 舌面、后、半高、不圆唇元音

发音要领 口腔半闭，舌后缩，舌面后部隆起，舌位后半高。发音时声带颤动，嘴角向左右展开，挺起软腭，堵住鼻腔通路。

发音提示 发 e 和 o 的显著区别在于唇形：e 是展唇，o 是圆唇。

发音训练

单音节：鹅 则 得 特 讷 乐 哥 科 喝 遮 车 奢 惹 社 则 册 色

双音节：可乐 隔热 色泽 特色 合格 社科 客车 折射 歌德 饸饹

褐色 赫赫 哥哥 菏泽 格格 折合 舍得 塞责 割舍 可可

三音节：特种兵 乐滋滋 歌舞剧 科教片 课程表 合成词 和事佬 革命者

核碎片 扯后腿 社保卡 惹乱子 热心肠 舍不得 车轱辘 科伦坡

四音节：得不偿失 德才兼备 乐不思蜀 歌舞升平 各抒己见 苛捐杂税

可想而知 刻骨铭心 克己奉公 何乐不为 舍己为人 和颜悦色

绕口令

坡上立着一只鹅，坡下就是一条河。宽宽的河，肥肥的鹅，鹅要过河，河要渡鹅。不知是鹅过河，还是河渡鹅。

天上一群大白鸽，河里一群大白鹅。白鸽尖尖红嘴壳，白鹅曲项向天歌。白鸽剪开云朵朵，白鹅拨开浪波波。白鸽乐呵呵，白鹅活泼泼，白鸽飞蓝天，白鹅游碧波，白鸽白鹅真快乐。

4. ê 舌面、前、半低、不圆唇元音

发音要领 口腔半开，舌位前半低，舌尖轻抵下齿背，舌面前部微隆起，嘴角向两边微展。发音时声带颤动，挺起软腭，堵住鼻腔通路。

发音提示 发音时可利用 ie 或 üe 将其引带出来，把 ie 或 üe 音拉长，它的尾音部分就是 ê 的读音。

发音训练

单音节：憋 别 瘪 瞥 撇 阶 节 姐 借 切 茄 且 怯

协 写 谢 噘 绝 倔 缺 瘸 却 薛 学 雪 血

双音节：借阅 协约 略略 谢谢 决绝 确切 雪夜

约略 略写 绝学 学界 月缺 跃跃 窃窃

三音节：决定性 别动队 节节高 阶下囚 结亲家 揭盖子 绝对值 雪莲花

解方程 街道办 界外球 接地气 绝缘体 劣根性 猎潜艇 雪地靴

四音节：节流开源 雪上加霜 血雨腥风 结伴同行 接二连三 再接再厉

窃窃私语 洁身自好 跃跃欲试 别有洞天 学有所获 捷足先登

绕口令

姐姐上街买螃蟹，姐姐结账接螃蟹。螃蟹咬姐姐，姐姐撇螃蟹。

姐姐借刀切茄子，去把儿去叶儿切斜丝，切好茄子烧茄子、炒茄子、蒸茄子，还有一碗焖茄子。

真绝，真绝，真叫绝，皓月当空下大雪，麻雀游泳不飞跃，鹊巢鸠占鹊喜悦。

5. i 舌面、前、高、不圆唇元音

发音要领 口腔开度小，舌位前高，舌尖轻抵下齿背，舌面前部隆起，双唇呈扁平状，嘴角向两边展开。发音时声带颤动，挺起软腭，堵住鼻腔通路。

发音提示 尽量打开口腔，注意闭音稍开，前音稍后，唇形呈扁平状。

发音训练

单音节：衣 逼 批 眯 滴 踢 妮 鸡 七 起 西 气 皮

双音节：积极 基地 礼仪 吸气 笔记 比例 袭击 提议 犀利 体系

气息 集齐 一体 以及 机器 底气 弟媳 嫡系 离奇 地理

三音节：庇护所 皮包骨 啤酒肚 地动仪 踢皮球 体温计 替罪羊 拟声词

逆运算 礼拜日 理疗法 理想化 历史剧 立足点 淅沥沥 离心力

四音节：低三下四 滴水不漏 地广人稀 提纲挈领 里通外国 理直气壮
力所能及 立竿见影 立锥之地 饥肠辘辘 气急败坏 积极进取

绕口令

一领细席，席上有泥。溪边去洗，溪洗细席。

老黎拉了一车梨，老李拉了一车栗。老黎人称大力黎，老李人称李大力。老黎拉梨做梨酒，老李拉栗去换梨。

一二三，三二一，一二三四五六七。七个阿姨来摘果，七个果篮儿手中提。七棵树上结七样儿，结的是苹果、桃儿、石榴、柿子、李子、栗子、梨。

6. u 舌面、后、高、圆唇元音

发音要领 口腔开度小，舌位后高，双唇收缩成圆形，稍向前突，呈吹气状，舌后缩，舌面后部隆起。发音时声带颤动，挺起软腭，堵住鼻腔通路。

发音提示 唇稍向前撮，不要噘唇，注意后音稍前、圆唇稍展。

发音训练

单音节：乌 逋 扑 木 夫 都 突 噜 姑 哭 呼 朱 出 叔 如 租 粗 苏
双音节：独步 步入 瀑布 露珠 夫妇 富足 附属 辅助 苦读 互助 不服
出租 度数 杜甫 粗读 突兀 入伍 书目 独木 鼓舞 赌注 出入
三音节：不动产 噗噜噜 葡萄干 普遍性 普洱茶 木乃伊 读书郎 服务器
数码港 出头鸟 出租车 诉讼法 书面语 苏丹红 舒张压 熟地黄
四音节：不白之冤 目不识丁 徒劳无益 铺张浪费 朴实无华 足智多谋
出口成章 路不拾遗 独当一面 束手束脚 诸如此类 初露锋芒

绕口令

一面小花鼓，鼓上画只虎。宝宝敲破鼓，妈妈拿布补。不知是布补鼓，还是布补虎。

苏州有个苏胡子，湖州有个胡胡子。苏州的苏胡子家里有个梳胡子的梳子，湖州的胡胡子家里也有个梳子梳胡子，苏胡子胡胡子都用梳子梳胡子。

村里有个顾老五，穿上新裤去卖谷。卖了谷，买了布，外加一瓶老陈醋。肩背布，手提醋，老五急忙来赶路。走了一里路，看见一只兔。老五放下布和醋，糊里糊涂去追兔。刮破了裤，没追上兔，回来不见了布和醋。

7. ü 舌面、前、高、圆唇元音

发音要领 口腔开度小，舌位前高，舌尖抵下齿背，舌面前部隆起，唇角撮起，双唇聚拢。发音时声带颤动，挺起软腭，堵住鼻腔通路。

发音提示 ü 和 i 的发音基本相同，区别是唇形的圆展：ü 是圆唇，i 是展唇，注意闭音稍开、前音稍后、圆唇稍展。

单音节：迂 于 与 玉 女 绿 拘 局 举 句 区 渠 取 去 须 徐 许 续

双音节：聚聚 句句 旅居 吕剧 区域 语序 序曲 屡屡 屈居
趋于 须臾 蓄须 渔具 徐徐 区区 栩栩 吁吁 聚居

三音节：女博士 驱逐舰 曲中人 叙事诗 取景器 绿皮书 娶媳妇 驱光性
绿豆糕 趣味性 续航力 巨蟹座 聚划算 局域网 聚居地 需求侧

四音节：取长补短 绿水青山 曲高和寡 局促不安 绿树成荫 去暑降温
举世瞩目 具体而微 趋之若鹜 取义成仁 拒谏饰非 据守阵地

绕口令

芜湖徐如玉，出去屡次遇大雾。曲阜苏渔庐，上路五度遇大雨。

体育局穿绿雨衣的女小吕，去找穿绿运动衣的女老李。穿绿雨衣的女小吕，没找到穿绿运动衣的女老李，穿绿运动衣的女老李，也没见着穿绿雨衣的女小吕。

（二）舌尖元音韵母：-i（前）、-i（后）

1. -i（前）舌尖前、高、不圆唇元音

发音要领 口微开，舌尖轻抵下齿背，舌尖前部与上齿背保持适度距离，嘴角向两边展开。发音时声带颤动，挺起软腭，堵住鼻腔通路。

发音提示 该元音只跟在声母 z、c、s 的后面形成拼合关系，不能单独自成音节。训练时可先将“滋”的音拉长，它的尾音即该元音的读音。

发音训练

单音节：孜 子 字 呲 词 此 次 丝 死 四

双音节：孜孜 子嗣 自私 自此 字词 字字 恣肆 此次
次子 刺字 赐死 私自 四字 四次 丝丝 次次

三音节：金字塔 关键字 活字典 简体字 潜台词 关联词 一次次 喜滋滋
语气词 形容词 人造丝 金丝雀 冰蚕丝 四边形 十四楼 思乡曲

四音节：自得其乐 字里行间 厚此薄彼 严丝合缝 纹丝不动 丝绸之路
四面碰壁 说三道四 孜孜不倦 思前想后 乐此不疲 顾此失彼

绕口令

早晨早早起，早起做早操。人人做早操，做操身体好。

三哥三嫂子，借给我三斗三升酸枣子。等我明年收了酸枣子，就如数还给三哥三嫂子这三斗三升酸枣子。

2. -i（后）舌尖后、高、不圆唇元音

发音要领 口微开，舌头后缩，舌尖翘起与硬腭前部保持适度距离，嘴角向两边展开。

发音时声带颤动，挺起软腭，堵住鼻腔通路。

发音提示 该韵母只跟在声母 zh、ch、sh、r 的后面形成拼合关系，不能单独自成音节。训练时可先将“之”的音拉长，它的尾音即该元音的读音。

发音训练

单音节：之　执　止　至　吃　持　尺　斥　施　十　使　是　日

双音节：支持　支使　知识　史诗　事事　纸质　指示　致使　十日　事实　试制
芝士　咫尺　执事　十只　试纸　师侄　史志　市值　试吃　十指　日志

三音节：王之涣　换言之　海之歌　执政党　执手礼　休止符　日月潭　星期日
甚至于　维持会　持久战　醉西施　施耐庵　支持者　三角尺　赔不是

四音节：至情至性　知书达理　执迷不悟　直眉瞪眼　纸上谈兵　指鹿为马
石沉大海　时不我待　识文断字　实事求是　如日中天　世外桃源

绕口令

知道就是知道，不知道就是不知道。不要知道说不知道，也不要不知道说知道。老老实实，实事求是，一定做到不折不扣地真知道。

司小四和史小世，四月十四日十四时上集市。司小四买了四十四斤四两西红柿，史小世买了十四斤四两细蚕丝。司小四要拿四十四斤四两西红柿换史小世十四斤四两细蚕丝。史小世十四斤四两细蚕丝不换司小四四十四斤四两西红柿。司小四说我四十四斤四两西红柿可以增加营养防近视，史小世说我十四斤四两细蚕丝可以织绸织缎又抽丝。

（三）卷舌元音韵母：er

er 卷舌、央、中、不圆唇元音

发音要领 口腔自然打开，舌位居中，先将舌面平放，然后舌尖向后卷，舌尖接近硬腭前部。发音时声带颤动，挺起软腭，堵住鼻腔通路。

发音提示 er 只能自成音节，单独使用，不和任何声母拼合。注意卷舌不要卷太过。数词“二”的读音为[ɑr]，其余 er 音节读音为[ər]。

发音训练

单音节：儿　尔　二　耳　而　贰　饵　洱　迩　鸸

双音节：从而　而今　而且　耳尖　耳沉　耳房　儿戏　儿时　耳机　二胡
女儿　耳语　幼儿　儿化　然而　男儿　偶尔　海尔　儿媳　入耳

三音节：儿童节　红孩儿　二人转　二进制　二维码　少而精　耳朵软　黑木耳
顺风耳　耳旁风　凡尔赛　高尔基　准噶尔　卡塔尔　小儿科　华尔兹

四音节：顺流而下　随遇而安　脱口而出　不约而同　择善而行　量力而行
俯首帖耳　耳聪目明　不二之选　耳濡目染　卓尔不群　温文尔雅

绕口令

二叔儿子拉二胡,二姨女儿练儿歌。儿歌练了十二天,二胡拉了二十年。二舅听了二胡拍拍手,二姑听了儿歌点点头。也不知是儿歌练了二十天好听,还是二胡拉了二十年悦耳。

要说“尔”专说“尔”,马尔代夫、喀布尔、阿尔巴尼亚、扎伊尔、卡塔尔、尼泊尔、贝尔格莱德、安道尔、萨尔瓦多、伯尔尼、利伯维尔、班珠尔、厄瓜多尔、塞舌尔、汉密尔顿、尼日尔、圣彼埃尔、阿尔及利亚的阿尔及尔。

二、复合元音韵母的发音训练

(一)前响二合复韵母:ai、ei、ao、ou

1. ai 前响复韵母

发音要领 发音时韵腹 a 受到韵尾 i 的影响,处于前 a 的位置,舌位由前 a 向高元音 i 滑动,终止位置比 i 略低。

发音提示 a 音发得清晰响亮,i 音发得较短较弱。发音时注意打开口腔。

发音训练

单音节:哀 掰 拍 埋 呆 胎 乃 来 该 开 嗨 摘 拆 筛 灾 猜 塞

双音节:挨宰 皑皑 蔼蔼 爱戴 白挨 白白 摆拍 百脉 拍卖 代买 买菜
抬爱 苔菜 奶奶 钙奶 盖菜 海苔 摘牌 债台 择菜 晒麦 灾害

三音节:拍脑门 排放量 迈方步 卖力气 白炽灯 百宝箱 太空棉 来不及
盖浇饭 开场白 海魂衫 开大奖 改论文 再就业 代理人 奶牛场

四音节:百年大计 海枯石烂 塞翁失马 泰然处之 奶油小生 才疏学浅
来日方长 改邪归正 盖棺定论 开门见山 海纳百川 彩云追月

绕口令

掰白菜,搬白菜,掰完白菜搬白菜,搬完白菜掰白菜。

买白菜,搭海带,不买海带就别买大白菜。买卖改,不搭卖,不买海带也能买到大白菜。

老蔡受爱戴,老赖爱拆台。老蔡不让老赖拆台,老赖诬赖老蔡无赖。老蔡找老赖摊牌,到底谁爱拆台,谁是无赖。

2. ei 前响复韵母

发音要领 发音时并非从后半高的 e 起音,而是从前半高不圆唇元音 e[e]的位置起音,向前高元音 i 滑动,终止位置比高元音 i 略低。

发音提示 舌位动程较短,e 音发得清晰响亮,i 音发得较短较弱。

发音训练

单音节：杯 北 贝 呸 陪 佩 每 妹 飞 肥 匪
吠 枚 得 勒 雷 垒 泪 给 黑 谁 贼

双音节：背煤 贝贝 北美 北非 蓓蕾 贝类 被黑 配备 陪陪 赔给
妹妹 美黑 肥美 狒狒 非得 飞贼 累累 梅妃 黑贝 黑煤

三音节：没得说 玫瑰红 梅花鹿 美誉度 飞行员 非金属
肥皂剧 黑漆漆 贼溜溜 雷阵雨 贝多芬 北极熊

四音节：废寝忘食 没轻没重 眉开眼笑 美中不足 飞蛾扑火 非同小可
肥头大耳 沸反盈天 累累硕果 雷厉风行 黑白分明 杯弓蛇影

绕口令

贝贝背水杯，水杯贝贝背。贝贝背水杯，背背贝贝水。水杯背在贝贝背，贝贝背上背水杯。

黑肥混灰肥，灰肥混黑肥。黑肥混灰肥，黑肥灰又黑。黑肥混灰肥，肥比黑肥灰。灰肥混黑肥，肥比灰肥黑。

3. ao 前响复韵母

发音要领 发音时舌体稍向后缩，韵腹 a 受韵尾 o 的影响，要发成后 a。尾音 o 的位置比单元音的 o 略高，接近 u 的位置，但终止位置比 u 略低。

发音提示 舌位动程较短，a 音发得清晰响亮，o 音发得较短较弱。注意后音前发。

发音训练

单音节：包 抛 刨 猫 刀 涛 孬 捞 高 考 毫 招 抄 稍 遭 糙 草 造

双音节：敖包 澳毛 懊恼 凹槽 宝宝 报道 宝岛 报告 报考 泡泡 抛锚
跑道 毛毛 祷告 淘宝 老猫 姥姥 告老 高考 照抄 抄报 凿凿

三音节：包心菜 保护伞 抱委屈 泡泡纱 抛物线 跑龙套 导火索 套头衫
倒装句 掏窟窿 掏腰包 桃花源 淘汰赛 超负荷 早上好 老字号

四音节：暴跳如雷 跑跑颠颠 毛骨悚然 刀山火海 倒海翻江 劳苦功高
好逸恶劳 倒打一耙 滔滔不绝 貌若天仙 道貌岸然 高山流水

绕口令

东边庙里有只猫，西边树梢有只鸟。猫鸟天天闹，不知是猫闹树上鸟，还是鸟闹庙里猫。

姥姥疼陶陶，陶陶疼姥姥。姥姥疼陶陶，她喊陶陶叫宝宝。宝宝疼姥姥，他喊姥姥叫“脑脑”。

河边有座窑，窑上有个槽，槽里放件袍，袍内包个桃。对岸有只猫，想吃窑上槽里袍内桃，可惜河上没有桥。上不了窑，够不着槽，咬不住袍，吃不了桃。

4. ou 前响复韵母

发音要领 发音时韵腹 o 比单发时舌位稍高稍前，舌位向 u 滑动，唇形逐渐拢圆，终止位置比单发 u 时略低。

发音提示 ou 舌位动程较短。o 音发得清晰响亮，u 音发得较短较弱。

发音训练

单音节：讴 剖 哞 否 兜 偷 搂 勾 抠 齁 州 抽 收 邹 凑 搜

双音节：兜兜 豆豆 抖搂 陡沟 豆蔻 豆粥 兜售 抖擞 透漏 漏斗

露头 佝偻 叩首 勾手 楼后 喉头 肉粥 丑陋 抽手 走兽

三音节：投影仪 透视图 楼外楼 构筑物 丑八怪 臭氧层 收录机

肉中刺 走过场 奏鸣曲 凑热闹 首发式 手把手 馊主意

四音节：周而复始 斗转星移 愁眉苦脸 偷奸耍滑 头头是道 厚积薄发

呕心沥血 投石问路 苟且偷生 口是心非 走南闯北 手眼通天

绕口令

树上卧只猴，树下蹲条狗。猴跳下来撞翻了狗，狗翻起来咬住了猴，不知是猴咬狗，还是狗咬猴。

豆豆公园去看猴，小猴大猴一群猴，一只小猴在回头，两只小猴在搓手，三只小猴在山头，四只小猴相互瞅。豆豆数猴掰着手，数来数去十只猴。

（二）后响二合复韵母：ia、ie、ua、uo、üe

1. ia 后响复韵母

发音要领 发音时舌位从前高元音 i 的位置下降后移，趋向中央，到央 a 为止，终止位置比单发的央 a 舌位稍偏前。

发音提示 韵头 i 较为轻短，韵腹 a 清晰响亮。

发音训练

单音节：丫 牙 哑 亚 俩 加 甲 颊 驾 掐 卡 恰 虾 匣 下

双音节：丫丫 压价 鸭架 压下 加压 假牙 加价 家家

掐架 恰恰 下压 下架 下家 贾家 下嫁 霞霞

三音节：假想敌 家务事 节假日 小脚丫 匈牙利 加速器 穿山甲 夹生饭

亚热带 零售价 夏令营 驾驶室 他们俩 雅加达 下马威 度假村

四音节：家长里短 恰如其分 戛然而止 假模假式 家喻户晓 变本加厉

下不为例 咬牙切齿 掐人牙慧 虎口拔牙 霞光万道 雪上加霜

绕口令

贾庄每家养小鸭,夏庄家家养对虾。小鸭长成想涨价,对虾养成想加价。涨价不成反跌价,加价不成又减价。

霞霞和佳佳迎着朝霞河边去放鸭,有公鸭、母鸭、小黄鸭。霞霞和佳佳放鸭放到夕阳斜,伴着晚霞,赶着群鸭,一起回家。

2. ie 后响复韵母

发音要领 发音时舌位由前高元音 i 下滑向前半低元音 ê,终止位置比单发 ê 时舌位略高,舌位动程较短。

发音提示 韵头 i 较为轻短,韵腹 ê 清晰响亮。注意发音的终止位置,不要把 ie 发成 iai。

发音训练

单音节:耶　憋　瞥　咩　跌　贴　捏　裂　阶　切　些　斜　爷　叶

双音节:爷爷　夜夜　冶铁　夜猎　业界　爹爹　姐姐　结业　界别　贴切

铁屑　斜切　揭帖　怯怯　斜街　乜斜　谢谢　冽冽　喋喋　鞋业

三音节:解放军　怯生生　曲别针　生别离　贴饼子　左撇子　灭火机　列车员

跌跟头　揭盖子　铁道兵　陈列品　借东风　揭老底　协奏曲　写作业

四音节:洁身自好　揭竿而起　别具一格　锲而不舍　灭顶之灾　叶公好龙

接二连三　嗟来之食　窃窃私语　捷足先登　邪门歪道　铁证如山

绕口令

爷爷上街去买鞋,斜街的小严专制鞋。鞋大爷爷脚不贴,鞋小爷爷打趔趄。小严替爷爷定制鞋,乐得爷爷说谢谢。

叶夜和谢杰,花园捉蝴蝶。叶夜去捉花中蝶,谢杰去捉叶上蝶。捉了灰蝶、粉蝶、彩蝶、凤蝶,叶夜拿别针把蝶别,谢杰把标本叠进新书页。

3. ua 后响复韵母

发音要领 发音时舌位由后高元音 u 逐渐前移下滑至央 a 的位置,由于受到 u 的影响,实际终止位置比央 a 稍后。

发音提示 韵头 u 较为轻短,韵腹 a 清晰响亮。

发音训练

单音节:挖　娃　瓦　袜　瓜　剐　挂　夸　垮　跨　花　划　化　抓　爪　刷　耍

双音节:娃娃　挂瓦　刮花　挂画　夸夸　花袜　花褂　画画　画刷　耍滑

三音节:瓜子脸　新计划　挂烫机　齐刷刷　夸海口　刮大风　跨年度

登华山　划得来　化妆刷　概念化　抓得紧　挖泥船　两手抓

四音节：瓜田李下　花容月貌　挖空心思　寡廉鲜耻　夸夸其谈　化险为夷
　　　　蛙鸣蝉噪　画地为牢　华而不实　挂一漏万　刷新纪录　抓耳挠腮

绕口令

何华和夏花学画花。何华学画葵花，夏花学画荷花。何华和夏花学会了画葵花和荷花，画的葵花和荷花像真花。

妈妈挎着花篮去卖花，娃娃穿着花袜去买褂，不料街上流水哗哗直打滑。妈妈扔了花篮，娃娃湿了花袜，妈妈卖不了花，娃娃买不成褂。

4. uo 后响复韵母

发音要领 发音时舌位从 u 下滑至后半高元音 o，唇形始终为圆唇。开始时唇形收缩稍紧，收尾时唇形开度稍加大。

发音提示 u 音发得较短较弱，o 音发得清晰响亮。发音时一定要注意有舌位动程，不能处理成一个单元音的发音。

发音训练

单音节：窝　多　托　挪　喏　啰　过　扩　豁　拙　戳　说　作　搓　娑
双音节：窝窝　我国　国货　窝火　朵朵　堕落　多国　过火　火锅　过错　妥妥
　　　　脱落　挪窝　啰唆　落锁　阔绰　活络　蹉跎　硕果　陀螺　灼灼　绰绰
三音节：过得去　螺丝扣　落脚点　国务院　活字典　捉迷藏　所有制　扩音器
　　　　啄木鸟　着重号　说闲话　活火山　作用力　座上客　做功课　罗汉果
四音节：多此一举　脱胎换骨　多多益善　夺门而出　国色天香　脱颖而出
　　　　火树银花　卓识远见　祸不单行　左顾右盼　弱不禁风　卧虎藏龙

绕口令

大郭多大锅，小郭多小锅。大郭拿多的大锅换小郭多的小锅，小郭拿多的小锅换大郭多的大锅。大郭对小郭说："咱俩合伙用大锅和小锅。"

骆驼驮着菠萝，笸箩装着萝卜。小罗骑着骆驼数菠萝，小多拿着笸箩数萝卜。不知道是小罗骑的骆驼驮着的菠萝多，还是小多拿的笸箩装着的萝卜多。

5. üe 后响复韵母

发音要领 发音时舌位由前高元音 ü 下滑向前半低元音 ê，终止位置比单发 ê 时舌位略高，唇形由圆渐展，舌位动程较短。

发音提示 韵头 ü 较为轻短，韵腹 ê 清晰响亮。注意唇形变化和舌位动程。

发音训练

单音节：约　阙　月　啜　决　倔　缺　瘸　却　削　穴　雪　谑
双音节：决绝　雪月　约略　雀跃　月缺　跃跃　略略　绝学

三音节：违约金　网约车　半决赛　决心书　月中桂　剥削者　太阳穴
背口诀　滑雪服　冷却剂　六月雪　绝对值　金丝雀　朝天阙

四音节：却之不恭　犹豫不决　完美无缺　跃马扬鞭　学贯中西　雪兆丰年
门可罗雀　龙腾虎跃　缺斤短两　雄才大略　有约在先　学无止境

绕口令

打南边来个瘸子，手里托着个碟子。地下钉着个橛子，绊倒了拿碟子的瘸子。气得瘸子撇了碟子，拔了橛子。

薛悦爱雪，下雪天学滑雪，见街上老薛在扫雪。薛悦不学滑雪要帮老薛扫雪，老薛劝薛悦要顾学业，薛悦决心学会滑雪又不误学业。

(三)中响三合复韵母：iao、iou、uai、uei

1. iao 中响复韵母

发音要领 发音时舌位从前高元音 i 向下向后滑动到后 ɑ，舌位抬高，升到比 u 稍低比 o 稍高的位置，终止位置接近 u。

发音提示 发音动程较长，唇形由展唇到自然唇再到圆唇。注意音素间的结合要紧密，韵腹 ɑ 清晰响亮。

发音训练

单音节：妖　标　飘　喵　叼　条　鸟　撩　交　敲　消　笑　掉　小

双音节：咬掉　窈窕　腰脚　巧妙　药效　跳脚　秒表　飘飘　缥缈　跑调
吊脚　小庙　吊销　脚镣　校标　逍遥　调教　娇娇　较小　调焦

三音节：出师表　七巧板　商标权　锦标赛　硬指标　挑大梁　小家电　豌豆苗
挑字眼　条形码　了不得　边角料　跳楼价　敲竹杠　消费品　跳舞毯

四音节：自我标榜　能工巧匠　由表及里　妙笔生花　漂洋过海　风雨飘摇
春寒料峭　不出所料　味如嚼蜡　调虎离山　巧夺天工　熟能生巧

绕口令

水上漂着一只表，表上落着一只鸟。鸟看表，表瞪鸟，鸟不认识表，表也不认识鸟。

花猫跳，小鸟叫。花猫听小鸟叫，小鸟瞧花猫跳。花猫跳起抓小鸟，小鸟掉头赶紧逃。花猫追小鸟三步一跳，你说小鸟能不能逃掉？

梁上有两对倒吊鸟，泥里有两对鸟倒吊。梁上的两对倒吊鸟，惦记着泥里的两对鸟倒吊。泥里的两对鸟倒吊，也惦记着梁上的两对倒吊鸟。

2. iou 中响复韵母

发音要领 发音时舌位从前高元音 i 开始，降至比央元音[ə]稍偏后的位置，再向后向上滑升，终止位置比后高元音 u 稍低。

发音提示 注意音素之间的结合要紧密，韵腹 o 清晰响亮。汉语拼音中写作 iu，但发音不能省略 o。

发音训练

单音节：优 油 有 右 妞 牛 扭 拗 溜 刘 柳
秋 求 糗 休 囚 朽 秀 六 纠 九 旧

双音节：呦呦 久留 优秀 悠久 犹有 丢球 琉球 刘秀 又有 求救
绣球 留有 流油 秋游 救球 舅舅 旧友 妞妞 牛油 修修

三音节：钻牛角 顺口溜 酸牛奶 穷秀才 扭秧歌 脱口秀 自留地 柳叶眉
过山丘 修辞格 羞耻感 雄赳赳 九宫格 牛皮匠 持久战 春秋装

四音节：小试牛刀 多如牛毛 寸草不留 流芳百世 扭转乾坤 扭亏增盈
三姑六婆 民事纠纷 纠缠不清 十拿九稳 久而久之 秀外慧中

绕口令

刘秀、刘柳是朋友，刘秀约刘柳去打球，刘柳要去栽杨柳，刘秀不去打球帮刘柳栽杨柳，排排杨柳绿油油。

九月九，九个酒迷去喝酒。九个酒杯九杯酒，九个酒迷喝九口。喝罢九口酒，又倒九杯酒。九杯酒，酒九口，喝得九个酒迷醉了酒。送去医院被急救，贪杯危险教训留。

3. uai 中响复韵母

发音要领 发音时舌位从后高元音 u 启动，降到前 a，再升高滑向前高元音 i，终止位置比 i 稍低，舌位先降后升，唇形由圆变展。

发音提示 韵腹 a 清晰响亮。发音时上齿不要咬下唇发成 vai。

发音训练

单音节：歪 崴 外 乖 拐 怪 拽 块 怀 坏 踹 甩

双音节：歪歪 外快 外踝 外拽 怀揣 乖乖
快快 快拽 快踹 拽拽 甩甩 摔坏

三音节：乖孩子 怪不着 无怪乎 怪念头 跑得快 方块字 李铁拐 脚踝骨
咏怀诗 槐花黄 坏脾气 歪点子 快回来 怀揣着 摔下山 快捷键

四音节：光怪陆离 东倒西歪 关怀备至 伶俐乖巧 大快朵颐 拐弯抹角
开怀畅饮 外强中干 快马加鞭 指桑骂槐 将帅之才 气急败坏

绕口令

槐树高，槐花香，槐树长在槐花庄，排排槐树开槐花，槐花朵朵蜜蜂忙，槐花庄里有蜂匠，酿成槐蜜透瓶香。

槐树槐，槐树槐，槐树底下搭戏台，人家的姑娘都来了，我家的姑娘还不来。说着说着就来了，骑着驴，打着伞，歪着脑袋上戏台。

小乖卖了电脑赚外快，小怀买了电脑又摔坏。小乖拿着外快买了电脑送小怀，小怀不要小乖的电脑，感谢小乖又释怀。

4. uei 中响复韵母

发音要领 发音时舌位从后高元音 u 向前向下滑到前半高元音[e]，再升高滑向前高元音 i，终止位置比 i 稍低，唇形由圆变展。

发音提示 韵腹 e 清晰响亮。发音时上齿不要咬下唇发成 vei。

发音训练

单音节：危　堆　推　归　亏　灰　追　吹　谁　税　崔　虽　最　蕊

双音节：巍巍　唯唯　卫队　未退　违规　未归　卫辉　尾椎　围追　尾缀　渭水
对位　队尾　荟萃　队徽　魁伟　愧悔　愧对　追退　水位　垂危　吹灰

三音节：三危山　围子山　哑巴亏　伟丈夫　常规化　回归线　难为情
上轨道　生石灰　富贵花　椎间盘　醉醺醺　纯净水　催眠曲

四音节：返璞归真　居安思危　溃不成军　追本溯源　吹灰之力　围追堵截
宏伟壮观　丰功伟绩　水到渠成　归心似箭　难能可贵　随心所欲

绕口令

威威伟伟和卫卫，拿着水杯去接水。威威让伟伟，伟伟让卫卫，卫卫让威威，没人先接水。一二三，排好队，一个一个来接水。

嘴说腿，腿说嘴，嘴说腿爱跑腿，腿说嘴爱卖嘴。光动嘴不动腿，光动腿不动嘴，不如不长腿和嘴。

三、鼻韵母发音训练

(一) 前鼻音韵母：an、ian、uan、üan、en、in、uen、ün

1. an 前鼻音韵母

发音要领 起点元音为前 a[a]，舌面逐渐升高，舌面前部贴向硬腭前部，将要接触时，软腭下降，鼻腔通路打开。紧接着舌面前部与硬腭前部闭合，口腔中受阻气流由鼻腔透出。口腔由开到闭，舌位动程较长。

发音提示 注意 a 音前移到正确位置，鼻韵尾 n 归韵到位。不要用闭嘴（抬下颌）代替舌面前部与硬腭前部的闭合动作。

发音训练

单音节：安 班 潘 嫚 单 贪 囡 兰 肝 刊 憨 沾 掺 山 然 簪 残 三

双音节：暗含 案犯 鞍山 灿烂 胆敢 南岸 男篮 单产 蛮干 甘蓝 谈判

半山 反贪 翻看 寒战 难缠 栏杆 感染 男版 展板 淡然 冉冉

三音节：慢三步 帆布床 翻跟头 满堂红 慢半拍 南半球 反光镜 犯不上

丹顶鹤 单身汉 胆小鬼 擀面杖 单相思 蛋白酶 弹簧秤 篮球架

四音节：满目疮痍 满载而归 漫山遍野 占山为王 肝胆相照 按图索骥

谈笑自若 坦诚相见 叹为观止 昙花一现 蓝田生玉 善始善终

绕口令

小韩、小谭去投弹，小韩不安打寒战，小谭坦然投出弹。小韩心里真感叹，仔细钻研方坦然，对准目标投出弹。

南南有个篮篮，篮篮装着盘盘；盘盘放着碗碗，碗碗盛着饭饭。南南翻了篮篮，篮篮扣了盘盘，盘盘打了碗碗，碗碗撒了饭饭。

2. ian 前鼻音韵母

发音要领 起点元音为前高元音 i，舌位降低向前 a 滑动，但没有完全降到前 a 位置，而是降到前元音[æ]的位置即开始升高，直到舌面前部贴向硬腭前部，口腔中受阻气流由鼻腔透出。口腔由闭到开再到闭，舌位动程较长。

发音提示 注意音素间的滑动与结合一定要紧密，i 音要轻短，a 音拉开立起。鼻韵尾 n 弱收到位。

发音训练

单音节：咽 边 偏 眠 掂 天 拈 怜 尖 见 先 连 点 拣 溅

双音节：减免 演变 棉签 片面 年限 简练 田间 天仙 眼帘 渐渐 面片

变天 连线 现钱 盐田 甜点 浅浅 前面 千年 前言 浅见 钱眼

三音节：变戏法 片面性 先行者 棉毛衫 免不了 面包车 电磁场 检察院

千里眼 天花板 添加剂 天文台 甜面酱 填鸭式 连脚裤 联合国

四音节：遍体鳞伤 偏听偏信 片甲不存 面面相觑 坚韧不拔 颠倒黑白

恬不知耻 甜言蜜语 千里之行 蔫头耷脑 年富力强 念念有词

绕口令

西面晒着扁鼻子扁眼扁扁豆，东面飞来扁鼻子扁眼扁斑鸠，要吃扁鼻子扁眼扁扁豆。甜甜用扁鼻子扁眼扁砖头，吓跑扁鼻子扁眼扁斑鸠。

半边莲，莲半边，半边莲长在山涧边。严小天路过山涧边，发现了这片半边莲。严小天拿来一把镰，割了半筐半边莲。半筐半边莲，送给边防连。

山前住着个严圆眼，山后住着个严眼圆。不知严圆眼比严眼圆的眼圆，还是严眼圆比严圆眼的眼圆。

3. uan 前鼻音韵母

发音要领 起点元音为后高元音 u，舌位向前向下滑向前 a，口腔开度由闭渐开，唇形由圆渐展，舌位到前 a 后紧接着升高，接续鼻尾音 n。

发音提示 u 音轻短，a 音拉开立起，鼻韵尾 n 弱收到位。发音时上齿不要咬下唇发成 van。

发音训练

单音节：弯　端　团　暖　峦　关　宽　欢　专　穿　闩　软　钻　纂　酸

双音节：酸软　婉转　万端　专款　专断　万万　乱窜　万贯　团团　宽缓
转换　转弯　软缎　弯管　专管　传唤　串换　贯穿　换算　宦官

三音节：专业课　转氨酶　团体操　暖水瓶　传家宝　穿甲弹　万年历　酸梅汤
川藏线　完成时　传真机　串亲戚　换言之　断头台　软着陆　钻空子

四音节：转弯抹角　弯弯曲曲　完璧归赵　万紫千红　专心致志　婉转悠扬
转危为安　短小精悍　断章取义　川流不息　宽以待人　万事如意

绕口令

段川是男篮主力，万欢是女篮主力。栾教练在男篮训练段川，关教练在女篮训练万欢。

一楼住着管得宽，二楼住着段不管。段不管乱倒垃圾一大片，还说弄脏楼道他不管。管得宽要管段不管，段不管不让管得宽管，管得宽说我非要管管段不管。

4. üan 前鼻音韵母

发音要领 起点元音为前高圆唇元音 ü，舌位向前 a 方向滑动，过程中唇形由圆渐展，舌位降到前元音[æ]即开始升高，接续鼻尾音 n。

发音提示 ü 音轻短，a 音拉开立起，鼻韵尾 n 弱收到位。

发音训练

单音节：冤　元　远　怨　捐　卷　倦　圈　全　犬　劝　轩　旋　选　炫

双音节：渊源　圆圈　源源　源泉　泉源　轩辕　全权　全员　涓涓　全选

三音节：冤枉钱　元宵节　怨不得　卷笔刀　龙卷风　颐和园　望远镜　长臂猿
感应圈　兜圈子　全天候　安全带　选举权　发言权　选择性　宣传画

四音节：笃学不倦　怨天尤人　浓圈密点　开卷有益　忍辱求全　才貌双全
一元复始　丧权辱国　权宜之计　选贤举能　源源不断　任劳任怨

绕口令

圆圈圆，圈圆圈，圆圆、娟娟画圆圈。娟娟画的圈连圈，圆圆画的圈套圈。娟娟、圆圆比圆圈,看看谁的圆圈圆。

男演员、女演员,同台演戏说方言。男演员说吴方言,女演员说闽南言。男演员演远东旅行飞行员,女演员演鲁迅文学研究员。研究员、飞行员、吴方言、闽南言,你说男女演员演得全不全?

5. en 前鼻音韵母

发音要领 起点元音不是后半高的 e,而是央元音[ə],舌面升高,舌面前部贴向硬腭前部,快要接触时,软腭下降,鼻腔通路打开,紧接着舌面前部与硬腭前部闭合,口腔中受阻气流由鼻腔透出。口腔由开到闭,舌位动程较短。

发音提示 注音舌面前部与硬腭前部闭合时要做点接触,而不是片接触,音素间的滑动、结合要紧密;不要用闭嘴(抬下颌)代替舌面前部与硬腭前部的闭合动作。

发音训练

单音节:恩　本　喷　闷　分　跟　肯　痕　贞　抻　伸　人　怎　参　岑　森

双音节:恩人　本人　愤懑　粉嫩　跟诊　根深　很真　真沉　身份　深圳　神针
人们　称身　深沉　莘莘　婶婶　审慎　瘆人　人身　妊娠　认门　岑参

三音节:喷火器　分分钟　侦察机　沉积岩　聚宝盆　神枪手　喷气式　真性情
深加工　人生观　认死理　怎么样　身份证　审美观　闷沉沉　忍耐力

四音节:愤世嫉俗　根深蒂固　亘古不变　针锋相对　真凭实据　争分夺秒
奋不顾身　身败名裂　人地生疏　恩重如山　人杰地灵　忍俊不禁

绕口令

小陈去卖针,小沈去卖盆。俩人挑着担,一起出了门。小陈喊卖针,小沈喊卖盆。也不知是谁卖针,也不知是谁卖盆。

陈庄程庄都有城,陈庄城通程庄城。陈庄城和程庄城,两庄城墙都有门。陈庄城进程庄人,陈庄人进程庄城。请问陈程两庄城,哪个城进陈庄人,程庄人进哪个城?

老彭捧着一个盆,路过老庞干活儿的棚。不小心老彭的盆碰倒了老庞的棚,棚倒盆碎棚砸盆,盆碎棚倒盆撞棚。老彭要赔老庞的棚,老庞要赔老彭的盆。老庞陪着老彭去买盆,老彭陪着老庞来修棚。

6. in 前鼻音韵母

发音要领 起点元音是前高不圆唇元音 i,舌面升高,舌面前部贴向硬腭前部,快要接触时,软腭下降,鼻腔通路打开,紧接着舌面前部与硬腭前部闭合,口腔中受阻气流由鼻腔透出。口腔由开到闭,舌位动程很短。

发音提示 不要将舌位动程拉长,更不能将 in 读成 ien,i 是韵腹。

发音训练

单音节：因 银 隐 印 宾 鬓 拼 贫 品 聘 民 皿 您 今 仅 近 亲 芹

双音节：彬彬 引进 饮品 欣欣 紧邻 民心 辛勤 新进 金印 频频 新品

心音 琴心 亲信 聘金 亲临 仅仅 亲近 尽心 拼音 凛凛 亲民

三音节：心上人 林荫道 转基因 金银岛 银河系 印刷品 进化论 尽人事

舶来品 亲和力 现如今 信号灯 公信力 语音学 民族学 辛苦费

四音节：临阵磨枪 斤斤计较 金盆洗手 紧锣密鼓 锦上添花 因地制宜

品头论足 举目无亲 金玉良言 锦囊妙计 谨小慎微 尽如人意

绕口令

琳琳银镯要翻新，想买新款约琴琴。两人齐把金店进，金店饰品款款新。琳琳琴琴挑花眼，买完银镯又买金。

琴琴擅长做微信，金金擅长教拼音。金金教小朋友学拼音，琴琴帮金金把教拼音的视频做进了微信。

7. uen 前鼻音韵母

发音要领 起点元音是后高圆唇元音 u，舌位向央元音[ə]滑动，其间唇形由圆渐展，随后舌位升高接续鼻尾音 n。

发音提示 u 音轻短，充当韵腹的 e 音拉开立起，鼻韵尾 n 弱收到位。在汉语拼音中，中间的 e 被省略掉，记成 un。发音时上齿不要咬下唇发成 ven。

发音训练

单音节：温 蹲 吞 褪 抡 滚 昆 昏 谆 春 吮 润 尊 村 孙

双音节：问问 闻闻 稳稳 温暾 稳准 温顺 春困 温存 顿顿 困顿

论文 昆仑 滚滚 滚轮 混沌 馄饨 谆谆 唇纹 春笋 孙村

三音节：温度计 小火轮 三轮车 人性论 评论家 说不准 曲棍球 存款单

驴打滚 滚雪球 贫困线 存储器 准考证 囫囵觉 混凝土 顺口溜

四音节：重温旧梦 温文尔雅 耳闻目睹 不闻不问 美轮美奂 吞吞吐吐

气吞山河 民族之魂 滚瓜溜圆 朗朗乾坤 春困秋乏 昏天黑地

绕口令

孙伦打靶真叫准，半蹲射击特别神。本是半路出家人，摸爬滚打成枪神。

昆昆包馄饨，文文写论文。昆昆放下手中的馄饨帮文文写论文，文文放下手中的论文帮昆昆包馄饨。

8. ün 前鼻音韵母

发音要领 起点元音是前高圆唇元音 ü，发音过程与 in 相似，只是唇形变化不同。ün

唇形由圆变展，而 in 唇形始终是展唇。

发音提示 in 是展唇起音，ün 是圆唇起音。

发音训练

单音节：晕 云 允 运 军 俊 逡 群 熏 寻 迅 匀 熨 君

双音节：芸芸 军军 均匀 菌群 军勋 军训 群群 逡巡 熏晕 循循

三音节：童子军 晕乎乎 运输线 全运会 军令状 君子兰 君主制

群英会 平均值 巡洋舰 熏蒸剂 训诂学 咨询台 军功章

四音节：头晕眼花 群策群力 慨然允诺 时来运转 运筹帷幄 清新俊逸

舌战群儒 超群绝伦 烟熏火燎 利欲熏心 寻踪觅迹 耐人寻味

绕口令

军军去参军，云云去寻亲。军军立志当将军，云云立志寻到亲人。

蓝蓝的天空，白白的云，青青的草原，白羊群。近近看，这是草原，那是白云；远远看，分不清哪是白云哪是羊群。

（二）后鼻音韵母：ang、iang、uang、eng、ing、ueng、ong、iong

1. ang 后鼻音韵母

发音要领 起点元音是后 a，舌根抬起，贴近软腭时软腭下降，鼻腔通路打开，紧接着舌根与软腭接触，关闭口腔通道，气流从鼻腔透出。

发音提示 注意 a 音不要发成央 a 或前 a，鼻尾音 ng 归韵弱收到位，注意后音前发。

发音训练

单音节：肮 帮 乓 牤 方 当 汤 囔 朗 刚 康 夯 张 昌 伤 赃 仓 桑

双音节：肮脏 帮忙 盲肠 党章 烫伤 蟑螂 长廊 当场 商行 廊坊 朗朗

上当 杠上 刚刚 港商 厂房 常常 钢厂 仰望 行帮 上膛 张榜

三音节：胖头鱼 忙叨叨 方程式 防空洞 房产主 放大镜 航天员 囊中物

长生果 放冷箭 纺织品 蹚浑水 唐三彩 糖葫芦 上班族 挡不住

四音节：慷慨就义 方兴未艾 芒刺在背 盲人摸象 朗朗乾坤 当仁不让

党同伐异 张灯结彩 堂堂正正 刚正不阿 螳螂捕蝉 刚柔并济

绕口令

黄庄王光去买缸，两只大缸车上装。车一晃荡缸撞缸，缸一撞缸缸要伤。车别晃，缸别撞，王光重把缸来装，装好缸来回黄庄。

大胖和小胖，两人去抬缸。大胖要抬缸到上房，小胖要抬缸到下房。大胖说上房好放缸，小胖说下房缸好放。缸好放，好放缸，俩人抬缸成抬杠。抬抬缸，抬抬杠，抬到上房抬下房，忽听哐啷一声响，抬缸抬杠打破缸。大胖怨小胖，小胖怨大胖，大胖小胖泪汪汪。

2. iang 后鼻音韵母

发音要领 起点元音是前高元音 i，舌位向下向后滑向后 ɑ，舌根抬起，贴近软腭时软腭下降，鼻腔通路打开，紧接着舌根与软腭接触，关闭口腔通道，气流从鼻腔透出。

发音提示 发音动程较长，注意音素间的滑动结合要紧密。受到 i 的影响，ɑ 的唇形稍扁。

发音训练

单音节：央　阳　仰　样　娘　酿　良　两　亮　江　讲　降　枪　强　抢　香　详　响　向

双音节：洋洋　杨绛　洋枪　洋相　想想　亮亮　想象　相像　襄阳　向阳　像样
　　　　踉跄　响亮　两样　两江　良将　强将　奖项　将相　湘江　强项　枪响

三音节：夜未央　艳阳天　向阳花　仰鼻息　样板间　娘子军　将相和　量角器
　　　　两重天　枪杆子　抢时间　橡皮泥　响当当　交响乐　党中央　亮堂堂

四音节：扬长避短　长乐未央　俯仰之间　样样俱全　良师益友　两肋插刀
　　　　量入为出　锃光瓦亮　将计就计　响彻云霄　匠心独运　江郎才尽

绕口令

蒋强上山去放羊，大羊小羊翻山梁。座座山梁满山羊，蒋强放羊翻山又过梁。

梁小强养老绵羊，杨小亮养小奶羊。小强对小亮讲，养绵羊比养奶羊强。小亮对小强讲，养奶羊比养绵羊强。小强、小亮吵得不相让，气坏了养绵羊而不服小亮的梁小强，也气坏了养奶羊而不服小强的杨小亮。

3. uang 后鼻音韵母

发音要领 起点元音是后高圆唇元音 u，舌位下降到后 ɑ，舌根抬起，贴近软腭时软腭下降，鼻腔通路打开，紧接着舌根与软腭接触，关闭口腔通道，气流从鼻腔透出。

发音提示 发音动程较长，注意音素间的滑动结合要紧密。受到 u 的影响，ɑ 的唇形稍圆。发音时上齿不要咬下唇发成 vang。

发音训练

单音节：汪　王　网　旺　光　广　逛　匡　狂　况　荒
　　　　皇　晃　庄　壮　窗　床　闯　创　双　爽　旺

双音节：往往　忘光　网框　王庄　网状　狂妄　框框　矿床
　　　　黄庄　状况　装框　装潢　壮壮　闯王　窗框　双双

三音节：水汪汪　光洁度　小王子　网约车　商业网　矿物质　卢旺达　广播操
　　　　狂想曲　明晃晃　黄梅雨　闯红灯　创刊号　黄包车　双刃剑　撒渔网

四音节：汪洋大海　亡羊补牢　临渊结网　双喜临门　网络语言　兴旺发达

满目疮痍　人丁兴旺　旷日持久　黄金时代　匡复社稷　心旷神怡

绕口令

黄花花黄黄花黄，花黄黄花朵朵黄。朵朵黄花黄又香，黄花花香向太阳。

杨广拿着筐，忙着叫黄刚："黄刚去拿筐，田里去插秧。"杨广装了一筐秧，黄刚把秧装一筐。杨广挎了一筐秧，黄刚秧苗挎一筐。一筐秧，秧一筐，杨广、黄刚挎筐去插秧。

4. eng 后鼻音韵母

发音要领 起点元音是后半高不圆唇元音 e，实际发音比这个位置略偏前，舌根抬起，贴近软腭时软腭下降，鼻腔通路打开，紧接着舌根与软腭接触，关闭口腔通道，受阻气流从鼻腔透出。

发音提示 注意适当增大口腔开度，后音前发。

发音训练

单音节：崩　抨　蒙　丰　灯　疼　能　棱　庚　坑　征　称　生　扔　曾　层　僧

双音节：风声　更正　横生　猛增　更胜　更生　征程　鹏程　争锋　承蒙　逞能

乘风　冷风　生猛　升腾　丰登　省城　生成　争胜　生冷　冷声　登峰

三音节：碰运气　风暴潮　绷不住　恒等式　风凉话　登陆艇　疯牛病　蜂窝煤

等不及　能见度　冷冻库　更衣室　横切面　正能量　生命力　省略号

四音节：登峰造极　等闲视之　能工巧匠　冷言冷语　坑坑洼洼　鹏程万里

正大光明　郑重其事　承前启后　乘人之危　风烛残年　惩一儆百

绕口令

天冷冷，风冷冷，冷冷风中登山峰。登一程又一程，登上山峰风急峰高风更冷。

小冯做红灯，小凤做兔灯，小腾做龙灯。小冯、小凤和小腾，巧手做灯似真灯。

5. ing 后鼻音韵母

发音要领 起点元音是前高不圆唇元音 i，由 i 开始舌位不降低一直后移，同时舌尖离开下齿背，舌根稍抬起，贴向软腭，快要接触时软腭下降，鼻腔通路打开，紧接着舌根与软腭接触，关闭口腔通路，受阻气流由鼻腔透出。

发音提示 注意 ing 不能发成 ieng。

发音训练

单音节：应　冰　乒　明　丁　听　宁　灵　京　青　兴　影　萦　星

双音节：清净　情境　影评　荧屏　应景　请命　情形　轻型　清醒　惊醒

警醒　冰凌　病情　叮咛　聆听　明镜　英明　影星　命令　领情

三音节：应声虫　蓝莹莹　摄影棚　平衡木　名利场　手机屏　善倾听　平型关

明摆着　定心丸　听诊器　凝固点　青年节　下命令　亮晶晶　灵隐寺

四音节：评头品足　应答如流　名正言顺　明察秋毫　冥思苦想　鸣锣开道
井井有条　敬而远之　请君入瓮　兴风作浪　腥风血雨　千里之行

绕口令

银玲、银莹去滑冰，冰镜映出两人影，不知哪个是银玲，哪个是银莹。

京剧叫京剧，警句叫警句。英英分不清京和警，把京剧说成警句，把警句说成京剧。

6. ueng 后鼻音韵母

发音要领 起点元音是后高圆唇元音 u，舌位向后半高元音 e 的方向滑落，降到比后半高元音 e 稍靠前、略低的位置，舌位升高，舌根抬起，贴近软腭时软腭下降，鼻腔通路打开，紧接着舌根与软腭接触，关闭口腔通道，受阻气流从鼻腔透出。

发音提示 上齿不要咬下唇发成 veng。ueng 只出现在零声母音节中，不与任何辅音声母相拼。

发音训练

单音节：翁　蓊　滃　嗡　鹟

双音节：嗡嗡　水瓮　蓊郁　渔翁　老翁　酒瓮　蕹菜　滃江

三音节：白头翁　陆放翁　主人翁　田舍翁　卖炭翁

四音节：塞翁失马　渔翁之利　蓊蓊郁郁　香气蓊郁　瓮声瓮气　瓮牖绳枢

绕口令

放蜂的小翁姓翁不姓瓮，小翁的蜜蜂一叫嗡嗡嗡，吵烦了放蜂的小翁。

老翁进城买了瓮，碰上放蜂的小翁。小翁撞破了老翁的瓮，赶紧买瓮赔老翁。

7. ong 后鼻音韵母

发音要领 起点元音是比后高圆唇元音 u 舌位略低的[u]，舌尖离开下齿背，舌后缩，舌根稍隆起，贴向软腭，快要接触时软腭下降，鼻腔通路打开，紧接着舌根与软腭接触，关闭口腔通路，受阻气流从鼻腔透出。

发音提示 唇形始终拢圆，注意与 ueng、eng 的区别。

发音训练

单音节：东　通　农　龙　工　空　烘　忠　冲　荣　宗　匆　松　恭　棕

双音节：动工　工农　洞中　冬虫　动容　共同　隆冬　公共　公众　工种　瞳孔
共荣　恭送　空中　红松　恐龙　中控　总共　总攻　东宫　从中　从众

三音节：东昌府　董事长　动物园　通勤装　同期声　筒子楼　捅娄子　冻豆腐
农民工　笼中鸟　鸿门宴　冲击波　充电桩　总动员　松竹梅　容量瓶

四音节：动如脱兔　东拉西扯　洞房花烛　动人心魄　通情达理　栋梁之材
童心未泯　梅花三弄　异曲同工　剪水双瞳　鹤发童颜　弄巧成拙

绕口令

小钟东院种葱又种松,老钟动员小钟东院种葱西院种松。小钟不听老钟,东院种活了葱没种活松。

红红和彤彤一起晒谷种,谷种太重背不动。累得彤彤像张弓,抬得红红脸通红。红红喊冬冬,冬冬帮彤彤,红红、冬冬和彤彤一起晒谷种。

8. iong 后鼻音韵母

发音要领 起点元音是前高元音 i,由于受后半高圆唇元音 o 的影响,i 也带上圆唇动作,实际发音中以 ü 开头。因此传统汉语语音学把 iong 列入撮口呼。舌位向后移动,舌根部抬起贴近软腭时软腭下降,鼻腔通路打开,紧接着舌根与软腭接触,关闭口腔通道,气流从鼻腔透出。

发音提示 实际发音中以 ü 开头。

发音训练

单音节:佣　永　用　炯　炅　穷　兄　雄　迥　凶　汹

双音节:佣工　用功　雍容　怂恿　重用　中庸　忠勇　动用　汹涌
冬泳　胸中　穷凶　熊熊　共用　公用　汹汹　炯炯　涌动

三音节:雇佣军　永遇乐　饮用水　两用衫　无穷尽　亲兄弟　凶巴巴
雄赳赳　英雄榜　用工荒　游泳衣　永生花　用材林　穷忙活

四音节:汹涌澎湃　永无止境　一劳永逸　省吃俭用　物尽其用　目光炯炯
盖世英雄　穷途末路　波涛汹涌　亲如兄弟　难兄难弟　雄鸡报晓

绕口令

钟雄猎熊当英雄,一枪命中真英勇。钟雄不怕熊,擒熊有本领,乡亲夸钟雄,英雄是钟雄,钟雄真英勇。

勇士要勇敢、勇猛、勇武,智勇双全;勇士要勇毅、勇决、勇悍,勇往直前。

第四章　声调

教学目的：学生掌握声调的概念、调类与调值的概念。

教学要求：学生掌握普通话声调的发音要领和技巧，有效地克服方言声调对发音的影响。

重点难点：普通话声调的发音要领。

课时安排：大课2课时，小课16课时。

第一节　理论概述

一、声调的概念

在现代汉语语音学中，声调指的是汉语音节所固有的、可以区别意义的声音的高低和升降。声调贯穿音节始终，主要作用在韵腹上。汉语的一个音节基本上就是一个汉字，所以声调又叫字调。声调是汉语音节结构中不可缺少的成分，它同声母、韵母一样，有区别意义的作用。

二、普通话的调类和调值

调类指声调的分类。普通话有四个调类，分别是阴平、阳平、上声、去声。

调值是声调高低、升降、曲直的变化，也就是声调的实际读法。人们一般采用五度标记法记录调值，用一条竖线表示声音的高低，由下而上分成五度，分别是低、半低、中、半高、高，用阿拉伯数字1、2、3、4、5表示。普通话四种声调的调类和调值见图4-1、表4-1。

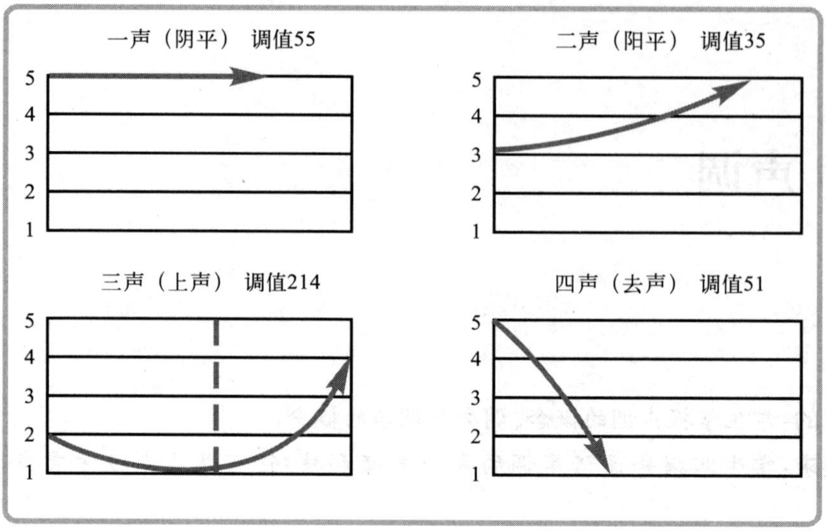

图 4-1　普通话调类、调值示意图

表 4-1　普通话调类、调值表

调类	调值	标记符号	例字
阴平	55	–	巴 bā
阳平	35	ˊ	拔 bá
上声	214	√	把 bǎ
去声	51	\	罢 bà

第二节　实训内容

一、普通话声调发音要领及发音练习

(一) 阴平调

阴平调又称“高平调”(55),由 5 度到 5 度。发音时,从开始到结束一直保持又高又平的状态。阴平的发音很重要,如果发得不准,将影响其他声调的调值。

单音节阴平调练习

巴　掰　包　崩　逼　憋　播　逋　拍　乒　抛　抨　批　偏　拼　坡　扑
妈　猫　眯　喵　摸　巾　翻　方　飞　分　风　肤　搭　刀　滴　督　多
胎　贪　蹚　涛　钦　梯　听　通　突　推　脱　囡　孬　妮　拈　妞　关
高　捞　勒　危　撩　拎　溜　隆　瞜　撸　抡　歌　根　聒　科　筐　亏

该　酣　蒿　烘　齁　忽　欢　荒　挥　豁　激　痂　交　接　居　撅　漆
铅　枪　敲　切　亲　青　区　悛　西　先　香　消　歇　星　需　宣　削
渣　摘　招　遮　支　舟　珠　插　搀　昌　撑　痴　充　抽　出　穿　窗
烧　奢　身　声　施　收　书　生　吨　糟　猜　音　疵　村　搓　虽　捐

（二）阳平调

阳平调又称“中升调”或“高升调”（35）。发音时，从 3 度开始，直升到 5 度，注意要直接上升不要拐弯上升。

单音节阳平调练习

拔　白　雹　甭　鼻　别　博　随　排　旁　庖　棚　皮　骈　贫　婆　仆
麻　毛　萌　迷　苗　磨　乏　烦　房　肥　汾　逢　扶　答　掬　敌　独
夺　台　坛　糖　陶　题　条　停　同　图　颓　驼　拿　男　挠　泥　年
牛　狼　劳　雷　离　辽　林　留　龙　楼　炉　轮　罗　革　皇　国　郎
狂　魁　孩　寒　豪　洪　侯　胡　环　黄　回　活　急　颊　嚼　结　局
篮　棋　前　墙　桥　茄　琴　擎　渠　权　席　咸　详　淆　鞋　形　徐
旋　学　闸　宅　卓　实　直　轴　竹　茶　缠　尝　成　池　崇　愁　除

（三）上声调

上声调又称“降升调”（214）。发音时，由 2 度开始，降到 1 度再升到 4 度，在四个声调中时值最长。上声的“上”字读 shǎng，是特定的读法。

单音节上声调练习

把　摆　保　走　比　瘪　跛　捕　跑　捧　痞　港　品　叵　抖　马　卯
猛　米　秒　抹　法　反　访　匪　粉　讽　斧　打　岛　底　堵　躲　坦
淌　讨　体　窕　挺　统　土　腿　妥　碾　乃　脑　拟　捻　扭　敞　朗
老　磊　冷　母　凛　柳　拢　搂　鲁　裸　葛　礼　果　渴　海　喊　李
鲤　吼　唬　缓　幌　悔　火　挤　等　脚　姐　咀　皎　起　浅　抢　巧
紧　寝　请　取　犬　洗　显　想　小　写　醒　许　选　雪　眨　窄　找
者　纸　肘　主　扯　产　宇　逞　尺　宠　丑　楚　喘　闯　炒　蚁　沈

（四）去声调

去声调又称“全降调”（51）。发音时，由 5 度下降到 1 度。起调要高，下降要干脆，不拖沓。

单音节去声调练习

罢　败　报　迸　毕　扮　告　派　憾　计　碰　僻　骗　聘　破　税　骂
帽　梦　秘　妙　墨　泛　放　费　奋　凤　富　大　到　地　杜　段　太

探 烫 套 剃 跳 痛 免 退 季 钠 概 闹 逆 念 弃 腊 浪
涝 类 利 料 吝 肋 弄 漏 路 论 噤 各 亘 过 课 况 溃
亥 旱 泪 讧 后 护 换 榥 诲 霍 剂 架 叫 借 剧 弃 欠
炝 窍 窃 沁 庆 去 劝 细 县 象 笑 泄 幸 旭 炫 谑 设
寨 照 浙 志 咒 驻 权 颤 唱 秤 赤 厚 气 触 钊 辍 哨

二、普通话声调综合练习

(一)双音节词语四声不同组合发音练习

阴平——阴平
青春 秋分 激光 花生 江山 夸张 周刊 家乡 标兵 车工 安心
阴平——阳平
超级 宣传 灯谜 兵营 山梁 钢琴 发言 星球 中国 说明 叮咛
阴平——上声
奔跑 兵法 丢丑 铅笔 春饼 风雪 东北 推选 挥舞 昆曲 猜想
阴平——去声
发动 边际 充沛 歌唱 光束 花费 激奋 拍照 书店 欢笑 支部
阳平——阴平
国徽 流金 罚单 营销 房屋 轮班 成功 围巾 菊花 灵芝 龙灯
阳平——阳平
赔偿 求实 排球 扬名 强国 徘徊 乘凉 拔河 合成 国旗 独白
阳平——上声
描写 棉纺 苹果 肥美 房产 良好 成品 词典 极顶 涵养 传统
阳平——去声
得救 佛教 独立 垂钓 寒假 急切 怀抱 勤奋 年代 融化 文物
上声——阴平
解压 挤开 广播 古筝 简说 老张 凯歌 导播 讲师 小说 煮开
上声——阳平
口红 旅游 宝石 品尝 舞台 羽绒 冷藏 粉条 赏玩 古琴 海拔
上声——上声
主导 好美 美景 表演 往返 影响 讲解 早晚 口语 反转 展览
上声——去声
摆布 美业 粉色 海燕 火箭 股票 讲话 选购 纽带 举例 买进
去声——阴平
动机 杜康 荔枝 化工 配音 社交 踏青 未经 信封 相机 菜刀

去声——阳平

刺槐 蛋黄 必达 少年 照明 住房 动员 问题 素食 电台 自然

去声——上声

字纸 地底 判处 户口 对等 破产 电影 烙饼 外语 秀美 重点

去声——去声

伴奏 就业 创造 训练 饭店 奉献 祝贺 计算 降落 四化 让利

(二)四音节词练习

1. 按四声顺序练习

中国伟大 山河美丽 千锤百炼 精神百倍 心明眼亮 光明磊落

山明水秀 花红柳绿 风调雨顺 阴阳上去 身强体壮 英明果断

2. 按四声倒序练习

大显神通 调虎离山 过眼云烟 袖手旁观 奋起直追 奋笔疾书

厚古薄今 耀武扬威 万古长青 刻骨铭心 妙手回春 逆水行舟

(三)声调变化练习

21个声母分别与不同韵母拼合,按照四声顺序和倒序的不同排列组合进行声调变化训练。

(四)古诗练习

1. 阴平练习

村居

〔清〕高鼎

草长莺飞二月天,拂堤杨柳醉春烟。
儿童散学归来早,忙趁东风放纸鸢。

2. 阳平练习

回乡偶书

〔唐〕贺知章

少小离家老大回,乡音无改鬓毛衰。
儿童相见不相识,笑问客从何处来。

3. 上声练习

饮湖上初晴后雨·其二

〔宋〕苏轼

水光潋滟晴方好，山色空蒙雨亦奇。
欲把西湖比西子，淡妆浓抹总相宜。

4. 去声练习

寻隐者不遇

〔唐〕贾岛

松下问童子，言师采药去。
只在此山中，云深不知处。

(五)四声歌

四声歌

学好声韵辨四声，阴阳上去要分清。
部位方法需找准，开齐合撮属口形。
双唇班报必百波，舌尖当低斗点灯。
舌根高沟工耕故，舌面积结教坚精。
翘舌主争真志照，平舌资则早在增。
擦音发翻飞分复，送气查柴产彻称。
合口呼午枯胡鼓，开口河坡歌安争。
撮口虚学寻徐剧，齐齿衣油摇业英。
前鼻恩因烟弯稳，后鼻昂迎中拥生。
鼻音拿耐难牛内，边音拉来六良灵。
叼住字头归字尾，阴阳上去记轻声。
循序渐进坚持练，早日达到纯和清。

第五章　语流音变

教学目的：学生掌握轻声、儿化、变调、语气词“啊”的变读和词的轻重格式等音变规律。
教学要求：学生把语流音变知识运用到口语表达中。
重点难点：语流音变规律在口语表达中的熟练运用。
课时安排：大课 2 课时，小课 12 课时。

第一节　理论概述

在口语交流和表达的过程中，相邻的音素与音素之间、音节与音节之间、声调与声调之间不可避免地会相互产生影响，使语言发生一定的变化，我们称之为语流音变。

普通话中的音变现象有很多，这里谈谈常见的轻声、儿化、变调、语气词“啊”的变读和词的轻重格式。

一、轻声

（一）什么是轻声

普通话的每个音节都有自己的声调，可是在一些词或句子里音节会失去原有的声调而念成较轻较短的调子，叫作轻声。

（二）轻声的变读形式

1. 阴平后面的轻声念半低调（2 度）

跟头　杯子　他们　风筝　妈妈　梆子

2. 阳平后面的轻声念中调（3 度）

回来　葡萄　石头　房子　娃娃　红火

3. 上声后面的轻声念半高调(4度)

我的　你们　姐姐　好的　奶奶　椅子

4. 去声后面的轻声念低调(1度)

弟弟　跳蚤　唾沫　木头　下巴　坐下

(三)轻声的作用

1. 辨别词义

“兄弟”不读轻声时,指哥哥和弟弟。
张强和张刚兄弟二人都参军了。
“兄弟”读轻声时,专指弟弟或年纪比自己小的男子(亲切口气)。
这是我兄弟。

2. 区分词性

“爱人”不读轻声时,是动词。
我们要学会爱己,也要学会爱人。
“爱人”读轻声时,是名词。
这位女士是老张的爱人。

(四)轻声的一般规律

1. 语气词变读轻声(吧、吗、啊、呢)

来吧　走吗　他呢　去啊

2. 助词变读轻声(着、了、的、地、得、过)

看着　走了　我的　快快地写　说得好　看过

3. 方位词变读轻声

家里　书桌上　地底下　前边

4. 趋向动词变读轻声

上去　出来　跑过去　拿下去

5. 名词词缀“子”“儿”“头”“们”等变读轻声

桌子　椅子　风儿　木头　同学们

6. 重叠式名词、动词的第二个音节变读为轻声

说说　姑姑　姥姥　跑跑　找找　奶奶

(五)《普通话水平测试用必读轻声词语表》

爱人	案子	巴掌	把子	把子	爸爸	白净	班子	板子	帮手	梆子
膀子	棒槌	棒子	包袱	包涵	包子	豹子	杯子	被子	本事	本子
鼻子	比方	鞭子	扁担	辫子	别扭	饼子	拨弄	脖子	簸箕	补丁
步子	部分	裁缝	财主	苍蝇	差事	柴火	肠子	厂子	场子	车子
称呼	池子	尺子	虫子	绸子	除了	锄头	畜生	窗户	窗子	锤子
刺猬	凑合	村子	耷拉	答应	打扮	打点	打发	打量	打算	打听
大方	大爷	大夫	带子	袋子	耽搁	耽误	单子	胆子	担子	刀子
道士	稻子	灯笼	提防	笛子	底子	地道	地方	弟弟	弟兄	点心
调子	钉子	东家	东西	动静	动弹	豆腐	豆子	嘟囔	肚子	肚子
缎子	对付	对头	队伍	多么	蛾子	儿子	耳朵	贩子	房子	份子
风筝	疯子	福气	斧子	盖子	甘蔗	杆子	杆子	干事	杠子	高粱
膏药	稿子	告诉	疙瘩	哥哥	胳膊	鸽子	格子	个子	根子	跟头
工夫	弓子	公公	功夫	钩子	姑姑	姑娘	谷子	骨头	故事	寡妇
褂子	怪物	关系	官司	罐头	罐子	规矩	闺女	鬼子	柜子	棍子
锅子	果子	蛤蟆	孩子	含糊	汉子	行当	合同	和尚	核桃	盒子
红火	猴子	后头	厚道	狐狸	胡琴	糊涂	皇上	幌子	活泼	胡萝卜
火候	伙计	护士	机灵	脊梁	记号	记性	夹子	家伙	架势	架子
嫁妆	尖子	茧子	剪子	见识	毽子	将就	交情	饺子	叫唤	轿子
结实	街坊	姐夫	姐姐	戒指	金子	精神	镜子	舅舅	橘子	句子
卷子	咳嗽	客气	空子	口袋	口子	扣子	窟窿	裤子	快活	筷子
框子	困难	阔气	喇叭	喇嘛	篮子	懒得	浪头	老婆	老实	老爷
老子	姥姥	累赘	篱笆	里头	力气	厉害	利落	利索	例子	栗子
痢疾	连累	帘子	凉快	粮食	料子	林子	翎子	领子	溜达	聋子
笼子	炉子	路子	轮子	萝卜	骡子	骆驼	妈妈	麻烦	麻利	麻子
马虎	码头	买卖	麦子	馒头	忙活	冒失	帽子	眉毛	媒人	妹妹
门道	眯缝	迷糊	面子	苗条	苗头	名堂	名字	明白	蘑菇	模糊
木匠	木头	那么	奶奶	难为	脑袋	脑子	能耐	你们	念叨	念头
娘家	镊子	奴才	女婿	暖和	疟疾	拍子	牌楼	牌子	盘算	盘子
胖子	狍子	盆子	朋友	棚子	脾气	皮子	痞子	屁股	片子	便宜
骗子	票子	漂亮	瓶子	婆家	婆婆	铺盖	欺负	旗子	前头	钳子
茄子	亲戚	勤快	清楚	亲家	曲子	圈子	拳头	裙子	热闹	人家
人们	认识	日子	褥子	塞子	嗓子	嫂子	扫帚	沙子	傻子	扇子
商量	上司	上头	烧饼	勺子	少爷	哨子	舌头	身子	什么	婶子

生意 牲口 绳子 师父 师傅 虱子 狮子 石匠 石榴 石头 时候
实在 拾掇 使唤 世故 似的 事情 柿子 收成 收拾 首饰 叔叔
梳子 舒服 舒坦 疏忽 爽快 思量 算计 岁数 孙子 他们 它们
她们 台子 太太 摊子 坛子 毯子 桃子 特务 梯子 蹄子 挑剔
挑子 条子 跳蚤 铁匠 亭子 头发 头子 兔子 妥当 唾沫 挖苦
娃娃 袜子 晚上 尾巴 委屈 为了 位置 位子 蚊子 稳当 我们
屋子 稀罕 席子 媳妇 喜欢 瞎子 匣子 下巴 吓唬 先生 乡下
箱子 相声 消息 小气 小子 笑话 谢谢 心思 星星 猩猩 行李
性子 兄弟 休息 秀才 秀气 袖子 靴子 学生 学问 丫头 鸭子
衙门 哑巴 胭脂 烟筒 眼睛 燕子 秧歌 养活 样子 吆喝 妖精
钥匙 椰子 爷爷 叶子 衣服 衣裳 椅子 意思 银子 影子 一辈子
应酬 柚子 冤枉 院子 月饼 月亮 云彩 运气 在乎 咱们 早上
怎么 扎实 眨巴 栅栏 宅子 寨子 张罗 丈夫 帐篷 丈人 帐子
招呼 招牌 折腾 这个 这么 枕头 镇子 芝麻 知识 侄子 指甲
指头 种子 珠子 竹子 主意 主子 柱子 爪子 转悠 庄稼 庄子
壮实 状元 锥子 桌子 字号 自在 粽子 祖宗 嘴巴 作坊 琢磨
不由得 不在乎 老太太 老头子 两口子 小伙子

二、儿化

(一)什么是儿化

儿化又称儿化韵,是普通话和某些汉语方言中的一种语音现象,即后缀“儿”字不自成音节,而是同前面的音节合在一起,使前一音节的韵母成为卷舌韵母。例如“签儿”,不是发成两个音节 qian er,而是发成一个音节 qianr。

(二)儿化韵的作用

1. 区别词义

“信”指信件。
“信儿”一般用在口语中,指口信儿。

2. 区别词性

“画”是动词:画下来。
“画儿”是名词:一幅画儿、字画儿。

3. 表示喜爱、亲切的感情

宝贝儿、小花儿、小辫儿、小孩儿、小兔儿

4. 表示少或小、轻或短的意思

一小堆儿、一丢丢儿、小水珠儿、头发丝儿、一小截儿

（三）儿化的变读规则

1. 音节末尾是 a、o、e、ê、u 的，儿化时在韵母后面加卷舌动作

a——ar	腊八儿	号码儿	肉渣儿
ia——iar	脚丫儿	长芽儿	一下儿
ua——uar	香瓜儿	花褂儿	小花儿
o——or	山坡儿	泡沫儿	脚脖儿
uo——uor	心窝儿	小桌儿	耳朵儿
ao——aor	小道儿	挎包儿	小桃儿
iao——iaor	填表儿	油票儿	豆苗儿
e——er	单个儿	模特儿	唱歌儿
ie——ier	树叶儿	彩蝶儿	台阶儿
üe——üer	正月儿	空缺儿	旦角儿
u——ur	火炉儿	地图儿	小壶儿
ou——our	网兜儿	水沟儿	地头儿
iou——iour	皮球儿	加油儿	小刘儿

2. 韵尾是 i、n（除 in、ün 外）的，儿化时丢掉韵尾，在韵腹上加卷舌动作

ai——air	老牌儿	庙台儿	葱白儿
ei——eir	眼泪儿	刀背儿	宝贝儿
an——anr	床单儿	竹竿儿	小摊儿
ian——ianr	相片儿	湖边儿	门脸儿
en——enr	小盆儿	大门儿	书本儿
uei——ueir	鸡腿儿	成对儿	一会儿
uen——uenr	条纹儿	开春儿	小棍儿
uai（uan）——uair	一块儿	打转儿	纸船儿
üan——üanr	圆圈儿	手绢儿	油旋儿

3. 韵尾是 ng 的，儿化时丢掉 ng，并将前面的韵腹鼻化，加卷舌动作

ang——angr	肩膀儿	偏方儿	小胖儿
iang——iangr	身量儿	瓜秧儿	像样儿
uang——uangr	小床儿	透光儿	窗框儿
eng——engr	门缝儿	板凳儿	油灯儿

ing——ingr　　小兵儿　花瓶儿　起名儿

ueng——uengr　小瓮儿　嗡嗡儿

ong——ongr　　胡同儿　没空儿　小洞儿

iong——iongr　哭穷儿　小熊儿

4. 韵母是 i、ü 的,儿化时韵母不变,加卷舌动作

i——ir　去皮儿　打底儿　小梨儿

ü——ür　没趣儿　毛驴儿　小雨儿

5. 韵母是-i(前)、-i(后)的,变为央 e 加卷舌动作

-i(前)——ir　大字儿　有刺儿　拉丝儿

-i(后)——ir　柳枝儿　夜市儿　梨汁儿

6. 韵母是 in、ün 的,儿化时丢掉 n,韵腹加卷舌动作

in——inr　口信儿　背心儿　水印儿

ün——ünr　喜讯儿　长裙儿　合群儿

(四)《普通话水平测试常用儿化词语表》

刀把儿	号码儿	戏法儿	在哪儿	找碴儿	打杂儿	板擦儿	名牌儿
鞋带儿	壶盖儿	小孩儿	加塞儿	快板儿	老伴儿	蒜瓣儿	脸盘儿
脸蛋儿	收摊儿	栅栏儿	包干儿	笔杆儿	门槛儿	药方儿	赶趟儿
香肠儿	瓜瓤儿	掉价儿	一下儿	豆芽儿	小辫儿	照片儿	扇面儿
差点儿	一点儿	雨点儿	聊天儿	拉链儿	冒尖儿	坎肩儿	牙签儿
露馅儿	心眼儿	鼻梁儿	透亮儿	花样儿	脑瓜儿	大褂儿	麻花儿
笑话儿	牙刷儿	一块儿	茶馆儿	饭馆儿	火罐儿	落款儿	打转儿
拐弯儿	好玩儿	大腕儿	蛋黄儿	打晃儿	天窗儿	烟卷儿	手绢儿
出圈儿	包圆儿	人缘儿	绕远儿	杂院儿	刀背儿	摸黑儿	老本儿
花盆儿	嗓门儿	把门儿	哥们儿	纳闷儿	后跟儿	别针儿	一阵儿
走神儿	大婶儿	杏仁儿	刀刃儿	钢镚儿	夹缝儿	脖颈儿	提成儿
半截儿	小鞋儿	旦角儿	主角儿	跑腿儿	一会儿	耳垂儿	墨水儿
围嘴儿	走味儿	打盹儿	胖墩儿	砂轮儿	冰棍儿	没准儿	开春儿
小瓮儿	瓜子儿	石子儿	没词儿	挑刺儿	墨汁儿	锯齿儿	记事儿
针鼻儿	垫底儿	肚脐儿	玩意儿	有劲儿	送信儿	脚印儿	花瓶儿
打鸣儿	图钉儿	门铃儿	眼镜儿	蛋清儿	火星儿	人影儿	毛驴儿
小曲儿	痰盂儿	合群儿	模特儿	逗乐儿	唱歌儿	挨个儿	打嗝儿
饭盒儿	在这儿	碎步儿	没谱儿	梨核儿	泪珠儿	有数儿	果冻儿

门洞儿　胡同儿　抽空儿　酒盅儿　小葱儿　小熊儿　红包儿　灯泡儿
半道儿　手套儿　跳高儿　叫好儿　口罩儿　绝招儿　口哨儿　蜜枣儿
鱼漂儿　火苗儿　跑调儿　面条儿　豆角儿　开窍儿　衣兜儿　老头儿
年头儿　小偷儿　门口儿　纽扣儿　线轴儿　小丑儿　加油儿　顶牛儿
抓阄儿　棉球儿　火锅儿　做活儿　大伙儿　邮戳儿　小说儿　被窝儿
耳膜儿　粉末儿

(五)儿化韵绕口令训练

有个小孩儿叫小兰儿,挑个水桶上庙台儿,摔了个跟头儿拾了个钱儿。她又买醋又买盐儿,还买了一个小饭碗儿。这个小饭碗儿真好玩儿,红花绿叶镶金边儿,中间儿有个小红点儿。

进了门儿,倒杯水儿,喝了两口儿运运气儿,顺手拿起了小唱本儿,我唱了一曲儿又一曲儿。练完嗓子我练嘴皮儿,绕口令儿,练字音儿,还有单弦儿牌子曲儿,小快板儿和大鼓词儿,越说越唱我越带劲儿。

我们那儿有个王小三儿,在门口儿摆着一个杂货摊儿,卖的是酱油、火柴和烟卷儿,草纸儿还有关东烟儿,红糖、白糖、花椒、大料瓣儿,鸡子儿、挂面、酱、醋、盐儿,冰糖葫芦一串串儿,花生、瓜子儿、酸杏干儿。王小三儿,不识字儿,算账净闹稀罕事儿,街坊买了六个大鸡子儿,他在账本上画了六个大圆圈儿。过了两天人家还了账,他在圆圈上画了一大道儿。到了年底他早把还钱的事儿忘在脑后边儿。他说人家还有一串儿糖葫芦儿,没有给他钱儿。

三、变调

音节在连读时,相邻音节声调发生变化的现象叫变调。普通话中的变调主要包括上声变调、去声变调、"一"的变调和"不"的变调。

(一)上声变调

上声音节单念或在句尾时声调不变,仍读本调。

1.半上

上声音节在阴平、阳平、去声、轻声音节之前,调值由214变为21,也记作211(即所谓"半上")。

上声+阴平　　打车　海边　雨衣　小区　满天　暖冬
上声+阳平　　转移　早读　主持　品评　了得　枕席
上声+去声　　跑步　美丽　好运　可爱　老旧　脑力
上声+轻声　　伙计　尾巴　里头　打听　点心　喜欢

2. 直上

两个上声音节相连,前面一个音节的调值由214变为接近35(即所谓“直上”)。

有理　比拟　给予　两百　早起　允许

上声音节与轻声音节相连,上声音节的调值由214变为接近35(即所谓“直上”)。

口里　把手　跑跑　老鼠　想法　走走

(二)去声变调

去声音节在非去声音节前一律不变调,在去声音节前则由全降变成半降,即调值由51变成53。

日月　背诵　大厦　靠近　耗费　巷道

(三)“一”的变调

“一”字单念或在序数词中仍读本调阴平。

正月初一　十月一日　大一　二十一号　济南一中　三五一十五

1. 非去声音节前变去声

一张　一分　一条　一叠　一缕　一曲

2. 去声音节前变阳平

一定　一件　一磅　一块　一辆　一次

3. 夹在重叠词中间念轻声

读一读　听一听　想一想　找一找　跳一跳　等一等

(四)“不”的变调

“不”字单念或在词句末尾,以及在阴平、阳平、上声前仍读本调去声。

我不、不喝、不聊、不走

1. 在去声音节前变阳平

不爱　不痛　不善　不惧　不坏　不跪

2. 夹在词语中间念轻声

说不好　对不住　看不见　用不着　行不行　跑不动

四、语气词“啊”的音变

“啊”是一个语气词,常用在句尾,因受前字读音的影响而发生音变。

(一)前一音节的末尾音素是 a、o(ao、iao 除外)、e、ê、i、ü 时,“啊”读成“ya”

快去找他啊!(ya)
你去说啊!(ya)
今天好热啊!(ya)
你可要拿定主意啊!(ya)
我来买些鱼啊!(ya)
买了新鞋啊?(ya)
是上个月啊!(ya)

(二)前一音节的末尾音素是 u(包括 ao、iao 中的 o)时,“啊”读成“wa”

你在哪里住啊?(wa)
他人挺好啊!(wa)
口气可真不小啊!(wa)
炖了一锅牛骨头啊!(wa)

(三)前一音节的末尾音素是 n 时,“啊”读成“na”

真是个好演员啊!(na)
早晨的空气多清新啊!(na)
多好的人啊!(na)
你猜得真准啊!(na)

(四)前一音节的末尾音素是 ng 时,“啊”读成“nga”

最近真忙啊!(nga)
这幅图真漂亮啊!(nga)
注意听啊!(nga)

(五)前一音节的末尾音素是-i(舌尖后特殊元音)、r 和 er(包括儿化韵)时,“啊”读成“ra”

你想喝果汁啊?(ra)
这才仅仅是个开始啊!(ra)
这孩子真懂事啊!(ra)
你养的是什么花儿啊?(ra)
原来是店小二啊!(ra)

(六)前一音节的末尾音素是-i(舌尖前特殊元音)时,“啊”读成“za”

今天来回几次啊?(za)

多好的字啊！（za）
这件事要三思啊！（za）

五、词的轻重格式

在汉语普通话及各方言的双音节词或多音节词中，每个音节都有轻重分量、强弱程度的不同。也就是说，双音节词或多音节词的各个音节，有约定俗成的轻重强弱差别，我们称其为词的轻重格式。我们将长而强的称为重，短而弱的称为轻，介于中间的称为中。

（一）双音节词的轻重格式

1. 中重格式

图画　节奏　平地　飞机　语言　阅读　货币　溪流　当时　家乡　容颜　人生

2. 重中格式

斗争　热度　战士　观点　作家　冬季　夏天　作品　艰苦　古典　任务　厌恶

3. 重轻格式

锄头　痛快　喉咙　月亮　告诉　戒指　衣服　张罗　头发　力气　唠叨　暖和

（二）三音节词的轻重格式

1. 中中重格式

东方红　展览馆　共青团　科学院　五一节　跑步机
火力点　理解力　天安门　流水线　办公室　抗生素

2. 中轻重格式

差不多　吃不消　大不了　动不动　葡萄糖　对得起
过不去　合得来　备不住　生意经　举个手　聊得来

3. 中重轻格式

同学们　过日子　卖关子　脑门子　不由得　打呼噜
山核桃　胡萝卜　明摆着　拿架子　吊嗓子　好意思

4. 重轻轻格式

跳下去　浮起来　掉下来　要不得　走出去　看见了
动起来　红扑扑　傻乎乎　瞧见了　端进去　朋友们

(三)四音节词的轻重格式

1. 中重中重格式

心平气和　五光十色　能文能武　花好月圆　龙飞凤舞

2. 中轻中重格式

慢慢腾腾　亮亮堂堂　稀里哗啦　大大方方　噼里啪啦

3. 重中中重格式

惨不忍睹　美不胜收　义不容辞　情不自禁　马不停蹄

第二节　实训内容

语流音变综合训练

1. 南通州,北通州,南北通州通南北。
东当铺,西当铺,东西当铺当东西。
春读史,秋读史,春秋读史读春秋。

2. 小玩意儿,独一份儿,小孩儿买来多有趣儿。不给买,噘着嘴儿,撒泼打滚儿不愿意,一对儿一对儿掉眼泪儿。

3. 屋子里有箱子,箱子里有匣子,匣子里有盒子,盒子里有镯子。镯子外面有盒子,盒子外面有匣子,匣子外面有箱子,箱子外面有屋子。

4. 有个李胡子,骑着大骡子,有个张驼子,挑担小螺蛳。一不小心,李胡子的大骡子撞翻了张驼子的小螺蛳。挑螺蛳的张驼子拦住了骑骡子的李胡子,要李胡子赔摔在地上的小螺蛳。李胡子下了骡子,向张驼子赔了个不是,又替张驼子捡起了小螺蛳。张驼子挑起了小螺蛳,又扶李胡子骑上大骡子。

5. 我这个窝头啊,有个别名儿,叫八宝儿小窝窝头儿。是拿棒子面儿、小米面儿、糜子面儿、栗子面儿四样儿面,拿糖水把它和在一块儿,里边儿搁上瓜子仁儿、榛子仁儿、核桃仁儿、杏仁儿、花生仁儿,青丝、玫瑰、木樨,搁点儿“起子”往起一发,蒸得了,又喧腾,又软乎儿,咱们再来一碗八宝粥。您说怎么样?

6. 六十六岁的刘老六,修了六十六座走马楼,楼上摆了六十六瓶苏合油,门前栽了六十六棵垂杨柳,垂杨柳上拴了六十六匹大马猴。忽然一阵狂风起,吹倒了六十六座走马楼,打翻了六十六瓶苏合油,压倒了六十六棵垂杨柳,跑掉了六十六匹大马猴,气死了六十六岁的刘老六。

7. 打南边儿来了个喇嘛，手里提拉着五斤鳎目；打北边儿来了个哑巴，腰里别着个喇叭。提拉鳎目的喇嘛要拿鳎目换别喇叭的哑巴的喇叭，别喇叭的哑巴不愿意拿喇叭换提拉鳎目的喇嘛的鳎目。提拉鳎目的喇嘛急了抡起鳎目打了别喇叭的哑巴一鳎目，别喇叭的哑巴也急了摘下喇叭打了提拉鳎目的喇嘛一喇叭。也不知是提拉鳎目的喇嘛打了别喇叭的哑巴一鳎目，还是别喇叭的哑巴打了提拉鳎目的喇嘛一喇叭。到后来，喇嘛回家炖鳎目，哑巴站那儿嘀嘀嗒嗒吹喇叭。

8. 正月里，正月正，姐妹二人去逛灯，大姐名叫粉红女，二姐名叫女粉红。粉红女身穿一件粉红袄，女粉红身穿一件袄粉红。粉红女怀抱一瓶粉红酒，女粉红怀抱一瓶酒粉红。姐俩儿找了个无人处，推杯换盏饮刘伶。女粉红喝了粉红女的粉红酒，粉红女喝了女粉红的酒粉红，粉红女喝了一个酩酊醉，女粉红喝了一个醉酩酊。女粉红揪着粉红女就打，粉红女揪着女粉红就拧。女粉红撕了粉红女的粉红袄，粉红女也撕了女粉红的袄粉红。姐俩儿打罢落下手，自己买线自己缝。粉红女买了一条粉红线，女粉红买了一条线粉红。粉红女是反缝缝儿缝粉红袄，女粉红是缝反缝儿缝袄粉红。

9. 数九寒天冷嗖嗖，转年春打六九头；正月十五是龙灯会，有一对狮子滚绣球；三月三王母娘娘蟠桃儿会，孙猴儿又把那仙桃儿偷，五月初五是端阳日，白蛇许仙不到头；七月七传说是天河配，牛郎织女泪双流；八月十五云遮月，月里的嫦娥犯了愁。

要说愁，咱们净说愁，唱一段绕口令的十八愁：狼也愁，虎也愁，象也愁，鹿也愁，骡子也愁马也愁；猪也愁，狗也愁，牛也愁，羊也愁，鸭子也愁鹅也愁；蛤蟆愁，螃蟹愁，蛤蜊愁，乌龟愁，鱼愁虾愁个个愁。虎愁不敢把高山下，狼愁野心耍滑头，象愁脸憨皮又厚，鹿愁长了一对大犄角，马愁鞴鞍行千里，骡子愁的是一世休；羊愁从小把胡子长，牛愁本是犯过牛轴，狗愁改不了净吃屎，猪愁离不开臭水沟，鸭子愁扁了它的嘴，鹅愁脑门儿上长了个“本儿喽”头；蛤蟆愁了一身脓疱疥，螃蟹愁的净横搂，蛤蜊愁闭关自守，乌龟愁胆儿小净缩头，鱼愁离了水不能游，虾愁空枪乱扎没个准头儿。

10. 植物园里的花品种真多啊：芍药啊、月季啊、美人蕉啊、郁金香啊、玫瑰啊、康乃馨啊、百合啊、马蹄莲啊、鹤望兰啊、太阳花啊、勿忘草啊、满天星啊、桔梗花啊、非洲菊啊、蝴蝶兰啊、牡丹啊、海棠啊、玉兰啊、紫荆啊、连翘啊、丁香啊、紫藤啊、石榴花啊、茉莉啊、木芙蓉啊、蜡梅啊、银芽柳啊、山茶啊、迎春啊、风信子啊、紫罗兰啊、石竹啊、睡莲啊、水仙啊、铃兰啊、千日红啊，真是花开满园，百花争艳啊。

11. 普通话水平测试朗读作品5号——《第一场雪》

这是入冬以来，胶东半岛上第一场雪。

雪纷纷扬扬，下得很大。开始还伴着一阵儿小雨，不久就只见大片大片的雪花，从彤云密布的天空中飘落下来。地面上一会儿就白了。冬天的山村，到了夜里就万籁俱寂，只听得雪花簌簌地不断往下落，树木的枯枝被雪压断了，偶尔咯吱一声响。

大雪整整下了一夜。今天早晨，天放晴了，太阳出来了。推开门一看，嗬！好大的雪啊！

山川、河流、树木、房屋，全都罩上了一层厚厚的雪，万里江山，变成了粉妆玉砌的世界。落光了叶子的柳树上挂满了毛茸茸亮晶晶的银条儿；而那些冬夏常青的松树和柏树上，则挂满了蓬松松沉甸甸的雪球儿。一阵风吹来，树枝轻轻地摇晃，美丽的银条儿和雪球儿簌簌地落下来，玉屑似的雪末儿随风飘扬，映着清晨的阳光，显出一道道五光十色的彩虹。

大街上的积雪足有一尺多深，人踩上去，脚底下发出咯吱咯吱的响声。一群群孩子在雪地里堆雪人，掷雪球，那欢乐的叫喊声，把树枝上的雪都震落下来了。

俗话说，“瑞雪兆丰年”。这个话有充分的科学根据，并不是一句迷信的成语。寒冬大雪，可以冻死一部分越冬的害虫；融化了的水渗进土层深处，又能供应//庄稼生长的需要。

（节选自峻青《第一场雪》）

12. 普通话水平测试朗读作品10号——《父亲的爱》

爸不懂得怎样表达爱，使我们一家人融洽相处的是我妈。他只是每天上班下班，而妈则把我们做过的错事开列清单，然后由他来责骂我们。

有一次我偷了一块糖果，他要我把它送回去，告诉卖糖的说是我偷来的，说我愿意替他拆箱卸货作为赔偿。但妈妈却明白我只是个孩子。

我在运动场打秋千跌断了腿，在前往医院的途中一直抱着我的，是我妈。爸把汽车停在急诊室门口，他们叫他驶开，说那空位是留给紧急车辆停放的。

爸听了便叫嚷道：“你以为这是什么车？旅游车？”

在我生日会上，爸总是显得有些不大相称。他只是忙于吹气球，布置餐桌，做杂务。把插着蜡烛的蛋糕推过来让我吹的，是我妈。

我翻阅照相册时，人们总是问：“你爸爸是什么样子的？”天晓得！他老是忙着替别人拍照。妈和我笑容可掬地一起拍的照片，多得不可胜数。

我记得妈有一次叫他教我骑自行车。我叫他别放手，但他却说是应该放手的时候了。我摔倒之后，妈跑过来扶我，爸却挥手要她走开。我当时生气极了，决心要给他点颜色看。于是我马上爬上自行车，而且自己骑给他看。他只是微笑。

我念大学时，所有的家信都是妈写的。他//除了寄支票外，还寄过一封短柬给我，说因为我不在草坪上踢足球了，所以他的草坪长得很美。

（节选自〔美〕艾尔玛·邦贝克《父亲的爱》）

13. 普通话水平测试朗读作品28号——《迷途笛音》

那年我六岁。离我家仅一箭之遥的小山坡旁，有一个早已被废弃的采石场，双亲从来不准我去那儿，其实那儿风景十分迷人。

一个夏季的下午，我随着一群小伙伴偷偷上那儿去了。就在我们穿越了一条孤寂的小路后，他们却把我一个人留在原地，然后奔向“更危险的地带”了。

等他们走后，我惊慌失措地发现，再也找不到要回家的那条孤寂的小道了。像只无头的苍蝇，我到处乱钻，衣裤上挂满了芒刺。太阳已经落山，而此时此刻，家里一定开始吃晚餐了,双亲正盼着我回家……想着想着,我不由得背靠着一棵树,伤心地呜呜大哭起来……

突然,不远处传来了声声柳笛。我像找到了救星,急忙循声走去。一条小道边的树桩上坐着一位吹笛人,手里还正削着什么。走近细看,他不就是被大家称为“乡巴佬儿”的卡廷吗?

“你好,小家伙儿,”卡廷说,“看天气多美,你是出来散步的吧?”

我怯生生地点点头,答道:“我要回家了。”

“请耐心等上几分钟,”卡廷说,“瞧,我正在削一支柳笛,差不多就要做好了,完工后就送给你吧!”

卡廷边削边不时把尚未成形的柳笛放在嘴里试吹一下。没过多久,一支柳笛便递到我手中。我俩在一阵阵清脆悦耳的笛音//中,踏上了归途……

(节选自唐若水译《迷途笛音》)

14. 孙学平:让农村电商助力乡村振兴

党的二十大擘画蓝图、指明方向,与我们每个人息息相关。连日来,参加党的二十大山东团代表们在各自工作的社区、乡村,宣讲党的二十大精神。让大家听得懂、能领会、可落实。

党的二十大代表、菏泽曹县大集镇孙庄村党总支书记孙学平回村后,第一件事就是向村民宣讲党的二十大精神。围绕报告中关于人才振兴、产业振兴等内容,并结合孙庄村发展的实际情况与大家交流新的工作思路。孙学平还一一拜访了村里的老党员,将党的二十大精神传达给他们。

孙军聚今年74岁,是村里的老村干部、老党员,退休不退一线。他一边照顾身患阿尔兹海默症的老伴,一边关注支持村里的电商产业,继续服务于村里的电商事业,关心着村里的发展。

孙庄村是有名的“淘宝村”“电商村”。这个2600多人的村庄,家家户户都在做电商,

乡亲们一起搭乘电商这辆“快车”过上了幸福的小康生活。村里还有不少返乡创业的年轻人。

孙学平还来到大集镇淘宝产业园,将党的二十大精神传递给返乡创业青年,鼓励他们继续做好村里的“领头雁”“排头兵”,带动村庄致富。

(闪电新闻记者钱云飞、商凯军、刘银春,菏泽台邱冰,曹县融媒体李锋、王盟)

主要参考书目

1. 吴弘毅. 实用播音教程　第一册[M]. 北京:北京广播学院出版社,2002.

2. 王璐,白龙. 语言艺术发声概论[M]. 哈尔滨:哈尔滨工业大学出版社,1990.

第二编
电商主播发声训练

电商主播的直播时间比较长，晚间的长时段直播也已是常态，而且有的主播为了带动气氛一直用高亮的声音直播，这些都会影响嗓音健康和直播效果。由于嗓音健康出现问题而离开主播岗位的人屡见不鲜，因此科学的发声方法对主播来说尤为重要。科学的发声方法能使吐字清晰、发音准确、声音饱满圆润，让直播更富有感染力和良好的互动性，更重要的是能保证发音器官的健康，有效地避免长时间用声对发音器官造成的伤害。

第六章　电商主播发声的要求

教学目的:学生了解电商主播发声的要求。

教学要求:学生结合实际切实掌握电商主播发声的要求。

重点难点:联系实践深入理解电商主播发声的要求。

课时安排:大课 1 课时。

电商主播是用有声语言进行直播销售的职业岗位,在工作过程中的发声要求主要有以下几点。

一、准确规范、清晰入耳

准确规范是指语音标准规范,信息传递准确;清晰入耳是指吐字质量好,发音清晰,传播效果好。电商主播的吐字发声准确清晰,是推介商品的基本保证。

二、圆润集中、朴实明朗

圆润集中是指电商主播要用饱满圆润、集中有力的声音传递商品信息;朴实明朗是指电商主播的语言表达应质朴明快,富有生活化的气息,以便愉快地与用户交流。

三、刚柔并济、虚实结合

刚柔并济、虚实结合是指电商主播的声音要有弹性,富于变化。根据不同的商品、不同的语言环境,主播能灵活运用正确的发声方法。

四、色彩丰富、变化自如

电商主播通过科学的发声方法,获得色彩丰富、变化自如的声音状态,用积极饱满、富有情感的声音吸引用户。

很多主播羡慕别人拥有好声音,而将自己的声音不动听归结于先天条件不好。其实,绝大部分人的先天嗓音条件相差不大,关键在于是否使用了正确科学的发声方法。

第七章　呼吸控制

教学目的：学生掌握胸腹式联合呼吸的方法和技巧。
教学要求：学生掌握气息的应用技巧，通过训练灵活运用气息。
重点难点：胸腹式联合呼吸法的动作要领与实际应用。
课时安排：大课 2 课时，小课 12 课时。

第一节　理论概述

呼吸控制是科学发声的重要一环，气息是人体发声的动力。在直播过程中，电商主播科学地运用气息可以使声音更加稳定持久、富于变化。

一、了解呼吸方法

（一）胸式呼吸法

胸式呼吸法又称锁骨式呼吸法，特点为吸气时肩头上耸，上胸部上抬，胸围增加，肋骨下缘胸廓围径基本不变，膈肌基本不参加呼吸运动。吸入和呼出气流量少，发声时气流较弱且难以控制，声音往往较尖、细且变化小。

（二）腹式呼吸法

腹式呼吸法的特点为吸气时腹部明显凸起，腹围增大，主要靠膈肌升降完成呼吸运动，胸廓围径基本不变。采用腹式呼吸法时，吸入和呼出的气流量较大，声音听起来往往深、重、低、沉。

（三）胸腹式联合呼吸法

胸腹式联合呼吸法是指胸、腹所有呼吸器官都参与呼吸运动，使胸廓、横膈膜和腹部肌肉控制呼吸的能力通过合作得到加强。采用这种呼吸法能够稳定地保持两肋及横膈膜的张力,并与来自小腹(丹田,脐下三指)的收缩力量形成均衡对抗,有利于对声音进行灵活控制。

二、胸腹式联合呼吸法的要领

胸腹式联合呼吸法分为吸气和呼气两个阶段。

吸气时,站、坐姿都可以,两肩放松,两眼平视前方,下巴微收。先将体内余气用叹气法全部呼出,然后用闻花香的方法深吸一口气。口鼻同时进气,把气吸到肺底,胸腔的前后左右同时扩张,两肋向两侧打开,膈肌下降,此时感觉腰带渐紧,小腹随之收缩。

呼气时,吸气肌肉群继续工作,呼气肌肉群的力量与吸气肌肉群的力量形成对抗,这样可以控制气息的强度和流量。保持小腹的收缩感,使膈肌和两肋不会迅速回弹。随着气流的缓缓送出,小腹逐渐放松,但还要有收住、控制的感觉。当收缩力超过扩张力时,两肋慢慢回缩,膈肌缓慢上升,膈肌与两肋在这两种控制下恢复自然状态。

三、换气的方法

电商主播除了在两句话之间有较长停顿时间可以从容换气外,还要掌握以下换气方法。

(一)偷气

偷气是以极快的速度张开口鼻,瞬时吸气。这种不易被人察觉的迅速进气方式,是用声时常用的补气方法。实际上,只要呼吸通道保持通畅,偷气就是一瞬间的动作。偷气常用于句子当中的少量补气和紧凑的句首换气时。

(二)抢气

由于情感和内容表达需要,主播可以不顾及有没有杂音,明抢气口,即抢气。

(三)就气

就气在听感上有停顿而实际上不进气,仅运用体内余气予以补充。“就着气”说完一句话可以达到语意连贯的效果。

第二节　实训内容

一、气息控制的基础训练

(一)呼吸肌的训练

1. 腹肌的训练

(1)仰卧起坐

(2)仰卧举腿

(3)腹肌弹发

用腹肌爆发弹力将气集中成束送到口腔前部,可用这四个音来配合:ha、hei、huo、he。

2. 膈肌的训练

(1)膈肌弹发

第一步,深吸气后,发出一个扎实的“hei”音。要求喉部、下巴松弛,发音时舌根有前送弹动感。

第二步,在膈肌单声强发状态稳定的情况下,增加连续弹发“hei”音的次数,连发2个、3个、4个、5个,直至可连续发七八个“hei”音。连续弹发时,要注意给气的力量均匀,发出的“hei”音保持一定的音量,音高、音色始终一致。

第三步,坚持第二步弹发练习,当能轻松地连续发出稳定的“hei”音时,就可以由快到慢地练习,最后达到自如控制快慢的程度。

第四步,在第三步的基础上,做改变音高、音量、音色、音长的膈肌弹发练习,类似于京剧老生的大笑。

(2)膈肌弹发喊操口令

一口气弹发“1、2、3、4”,换气后喊“2、2、3、4”,再换气喊“3、2、3、4”“4、2、3、4”……注意吸气时膈肌放松下降,喊号时有意识地弹发。发出的字音要饱满圆润,干脆有力度。

(二)吸气与呼气训练

先叹一口气,将体内余气全部吐出,用闻花香、半打哈欠、抬重物等方法来寻找、体会胸腹式联合呼吸法的吸气感觉,从容吸气,在意念上让气流沿“后背脊柱”而下,吸入肺底部后,腰部渐渐有胀满感,将注意力放在两肋后部向左右打开的感觉上。吸气时,腹肌只要有腹壁站定的感觉即可,不必用力收缩。呼气时,注意气息稳劲持久。

1. 闻花香训练

用闻花动作来体验气息的深入、自然、柔和。电商主播可以用这种方式练习慢吸慢呼,并配合不同的秒数加强慢吸慢呼的能力。

2. 半打哈欠训练

人在打哈欠时胸部和喉头是放松的,嘴会张得比较大,而在做半打哈欠练习时,嘴张到半大就可以。半打哈欠进气的最后状态与胸腹式联合呼吸法的吸气状态相似。电商主播可以用这种方式练习慢吸快呼,并配合不同的秒数加强慢吸快呼的能力。

3. 抬重物训练

大家可以想象一下鲁智深倒拔垂杨柳的状态,把气吸得很深,后腰膨胀,腰带渐紧,屏住气。抬重物进气的最后状态与胸腹式联合呼吸法的吸气状态相似。电商主播可以用这种方式练习快吸;在重物抬起的那一刻快速吐气,便是快呼。

4. 吹灰训练

撮口做吹灰尘状,将气息缓缓吹出,要求气流匀速、缓慢、量小而集中、有控制。这是锻炼有控制地呼气的方式。电商主播可以不断延长吹灰的时长,提高呼气的控制能力。

5. 延长音训练

不间断地分别发“a、o、e、i、u、ü、zi、ci、si”的延长音,配合不同秒数的呼气训练,要求呼出气流量稳定、均匀、有控制。

二、胸腹式联合呼吸法的拓展训练

(一)数“葫芦”训练

金葫芦银葫芦,一口气数不完二十四个葫芦。一个葫芦、两个葫芦、三个葫芦、四个葫芦……

一般一口气数二十到二十四个葫芦即可。

(二)数“枣儿”训练

出东门,过大桥,大桥底下一树枣儿,青的多,红的少,拿起竹竿打红枣儿:一个枣、两个枣、三个枣、四个枣、五个枣、六个枣、七个枣、八个枣、九个枣、十个枣,十个枣、九个枣、八个枣、七个枣、六个枣、五个枣、四个枣、三个枣、两个枣、一个枣。这是一个绕口令,一口气绕完才算好。

(三)数“旗”训练

广场上面数红旗,看你能数多少面旗:一面旗、两面旗、三面旗、四面旗……

一口气数三十面旗即可。

(四)"喊人"训练

想象你喊的人在远处,迅速地吸一口气,然后用延长音喊他的名字,如阿毛、大山等。

(五)古诗词训练

凉州词

〔唐〕王翰

葡萄美酒夜光杯,
欲饮琵琶马上催。
醉卧沙场君莫笑,
古来征战几人回。

(六)贯口训练

玲珑塔

甲:玲珑塔,塔玲珑,玲珑宝塔第一层。一张高桌儿四条腿儿,一个和尚一本经,一副铙钹一口磬,一个木拉鱼子一盏灯,一个金铃整四两,风儿一刮响花嘞。

乙:玲珑塔,塔玲珑,玲珑宝塔接过二层数三层。三张高桌儿十二条腿儿,三个和尚三本经,三副铙钹三口磬,三个木拉鱼子三盏灯,三个金铃十二两,风儿一刮响花嘞。

甲:玲珑塔第五层。五张高桌儿二十条腿儿,五个和尚五本经,五副铙钹五口磬,五个木拉鱼子五盏灯,五个金铃二十两,风儿一刮响花嘞。

乙:玲珑塔第七层。七张高桌儿二十八条腿儿,七个和尚七本经,七副铙钹七口磬,七个木拉鱼子七盏灯,七个金铃二十八两,风儿一刮响花嘞。

甲:玲珑塔第九层。九张高桌儿三十六条腿儿,九个和尚九本经,九副铙钹九口磬,九个木拉鱼子九盏灯,九个金铃三十六两,风儿一刮响花嘞。

乙:老僧数罢玲珑塔,甲:抬头看,乙:满天星,甲:地上看,乙:有个坑,甲:坑里看,乙:冻着冰,甲:冰上看,乙:栽着松,甲:松上看,乙:落着鹰,甲:屋里看,乙:一老僧,甲:僧前看,乙:一本经,甲:经前看,乙:点着灯,甲:墙上看,乙:钉着钉,甲:钉上看,乙:挂张弓。

甲:看着看着迷了眼,西北乾天起大风。

乙:说大风,好大风,十人见了九人惊,刮散了满天星、刮平了地上坑、刮化了坑里冰、刮倒了冰上松、刮飞了一老鹰、刮走了一老僧、刮翻了僧前经、刮灭了经前灯、刮掉了墙上钉、刮崩了钉上弓。

合:霎时间,只刮得——星散坑平、冰化松倒、鹰飞僧走、经翻灯灭、钉掉弓崩的一段绕口令。

(可以单人练习,也可以双人搭档表演)

济南七十二泉

（根据济南市人民政府 2018 年 7 月 13 日发布的七十二名泉名称改编）

合：四面荷花三面柳，一城山色半城湖。今天各位聚泉城，咱把名泉数一数。

甲：趵突泉、金线泉、皇华泉、柳絮泉、卧牛泉、漱玉泉，

乙：马跑泉、无忧泉、石湾泉、湛露泉、满井泉、登州泉，

甲：杜康泉、望水泉、珍珠泉、散水泉、溪亭泉、黑虎泉，

乙：琵琶泉、玛瑙泉、白石泉、九女泉、五龙潭、古温泉，

甲：贤清泉、天镜泉、月牙泉、西蜜脂泉、官家池、回马泉，

乙：虬溪泉、百脉泉、东麻湾、梅花泉、濯缨泉、玉环泉，

甲：芙蓉泉、腾蛟泉、双忠泉、浆水泉、甘露泉、林汲泉，

乙：斗母泉、无影潭、苦苣泉、避暑泉、泥淤泉、圣水泉，

甲：缎华泉、玉河泉、西麻湾、净明泉、袈裟泉、卓锡泉，

乙：清泠泉、檀抱泉、晓露泉、洪范池、书院泉、日月泉，

甲：濋泉、玉泉、濂泉、墨泉、舜井、华泉，

乙：砚池、白泉、涌泉、突泉、大泉、扈泉。

合：这正是——赏泉品泉爱泉城，保泉护泉一片情。济南泉城有美景，七十二泉扬美名。

（可以单人练习，也可以双人搭档表演）

小孩子

想当初，大宋朝文彦博幼儿倒有灌穴浮球之智，司马温公倒有破瓮救儿之谋，汉孔融四岁就懂让梨之礼，十三郎五岁朝天，唐刘晏七岁举翰林，汉黄香九岁温席奉亲，秦甘罗一十二岁有宰相之才。那吴周瑜七岁学文，九岁习武，一十三岁官拜水军都督，统带千军万马，执掌六郡八十一州之兵权；使苦肉，献连环，借东风，借雕翎，火烧战船，使曹操望风鼠窜，险些命丧江南。虽有卧龙、凤雏之相帮，那周瑜也算小孩子当中之魁首。

第八章　口腔控制

教学目的：学生了解咬字器官的配合要领与重要性，掌握吐字归音的基本方法。
教学要求：学生掌握咬字器官的配合要领，通过训练建立良好的口腔状态。
重点难点：咬字器官的配合要领。
课时安排：大课 1 课时，小课 12 课时。

第一节　理论概述

一、口腔控制的重要性

如果电商主播吐字含混不清，就不利于介绍产品。吐字含混不清不仅会造成用户理解困难，甚至还会造成误解，产生严重后果。掌握正确的发音方法，使吐字准确清晰、圆润集中和富于变化，更好地表达出有声语言蕴含的大量信息和丰富感情，对每一位电商主播来说都是很有必要的。

提高吐字质量，离不开口腔控制以及各咬字器官的有效配合。吐字归音是发声训练的重要环节，也是初学者从松散的发音状态过渡到训练有素的发音状态的重要一步。

二、各咬字器官的配合要领

（一）咬字和咬字器官

由肺呼出的气流通过声带发出声音，经咽腔到达口腔，在口腔内受到各种节制从而发出不同的字音，这个节制的过程叫作咬字。口腔内对声音起节制作用的各个部位，就是咬字器官，包括双唇、舌（舌尖、舌叶、舌面和舌根）、上下齿、上腭（硬腭、软腭）和下腭等。

(二)咬字器官互相配合的要领

1. 打开口腔

打开口腔要有提起上腭的感觉,同时下腭要放松。上腭的提起和下腭的放松可以增加口腔容积,为字音的拉开立起创造条件。这个状态是通过“提颧肌、打牙关、挺软腭、松下巴”来实现的。

【提颧肌】

提颧肌是指抬起上腭前部的动作。颧肌提起的时候,口腔的前部及上腭顶部有展宽的感觉,鼻孔也会略微张大,上唇会感觉到紧贴齿面,使唇的运动有依托,这样对吐字的清晰明亮会产生积极的影响。

【打牙关】

打牙关主要是指双侧上后槽牙保持向上提起的感觉,这样做也是为了增加口腔的开度,美化声音,丰富口腔共鸣。

【挺软腭】

挺软腭是指抬起上腭后部的动作。挺软腭可以增加口腔后部的空间,同时缩小鼻腔通路的入口,避免因声音过多灌入鼻腔而造成浓重的鼻音。

【松下巴】

松下巴就是让下巴放松。下腭的紧张会使舌骨向后上方移动,牵动喉头上提,使声音通道变窄。喉部肌肉过于紧张会令发声吃力,产生疲劳感。

2. 力量集中

唇舌无力是声音发散、缺乏力度、字音含混不清的主要原因。咬字器官力量的集中是使声音集中的重要一环,主要表现在唇和舌上。

唇的力量要集中到唇的内缘,集中到中央三分之一处。

舌的力量集中在舌头的前后中纵线上,发音时舌体要取收势。

3. 明确声音发出的路线和字音着力位置

练习时,应该将声音沿软腭、硬腭的中纵线推到硬腭的前部,使字音有挂在硬腭穹窿前部的感觉。这条中纵线,即声音发出的路线。

我们在吐字时,字音的着力位置就在硬腭前部。练习时,要有意识地把声音打到这个地方,只有这样才能够让声音集中,音色明亮,发音省力。

三、吐字归音

吐字归音是使字音清楚、准确、完整、饱满的传统发音方法。吐字归音中的字头,相当于声母或者声母加韵头(也叫字颈、介音),字腹相当于韵腹,字尾相当于韵尾。

如：一个汉字（音节）biao＝字头（声母 b+字颈 i）+字腹 a+字尾 o

（1）出字指吐字归音中对字头的处理，要求做到出字有力、叼住弹出。叼住指咬字要有一定的力度，成阻部位的肌肉要有一定的紧张感，阻气有力，咬字的力量要集中在相应部位的中纵线，而不是满口用力叼。要用巧劲儿，不能咬得过紧或者过松。过紧，会使发音显得笨拙；过松，会影响整个音节的响亮清晰程度。

（2）立字指对字腹的处理，要求做到立字饱满，拉开立起。字腹即韵腹，是韵母中的主要元音，口腔开度最大，泛音共鸣最丰富，声音最响亮。字腹发音圆润饱满，需要口腔开度适当扩大。字腹在整个音节中明显突出，比较完整，持续时间较长，因而在听感上更为响亮。

（3）归音指对字尾的处理，要求做到弱收到位，趋向鲜明。字尾在一个音节的发音过程中，处于口腔由开渐闭，咬字器官肌肉由紧渐松的阶段。弱收指字尾发音的过程是渐弱趋止的，到位则指尾音要归到应到达的位置。

（4）枣核形指头、腹、尾俱全的音节吐字的状态。字头叼住弹出，字腹拉开立起，字尾弱收到位，合起来成为一个两头小中间大的“枣核形”。它涉及吐字时音节各部分口腔开度的大小及所占时值的长短（如图 8-1）。

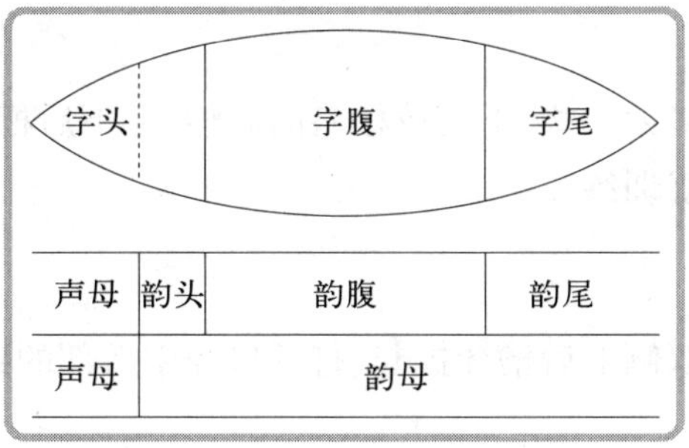

图 8-1　吐字归音枣核形

第二节　实训内容

一、口腔控制的专项训练

（一）唇舌力量练习

1. 唇的练习

（1）喷唇：双唇紧闭，将唇的力量集中于唇中央三分之一的部位，唇齿相依，不裹唇，阻住气流，然后突然连续喷气出声，发出 p 音，反复训练。

（2）咧唇：将双唇闭紧尽力向前噘起，然后将嘴角用力向两边伸展，交替进行，反复训练。

（3）撇唇：双唇闭紧向前噘起，然后向左右上下四个方向发力，反复训练。

(4)绕唇:双唇闭紧向前噘起,双唇沿着上左下右方向转动,反方向交替,反复训练。

2. 舌的练习

(1)顶舌:闭唇,舌尖用力顶左内颊,然后用力顶右内颊,左右交替,反复训练。

(2)刮舌:舌尖抵住下齿背,舌体贴住齿背,用上门齿沿刮舌叶、舌面,使舌面逐渐上挺隆起,然后将舌面后移向上贴住硬腭前部,反复训练。

(3)伸舌:用力将舌伸出唇外,舌体力量集中,舌尖尽力向前伸,然后向上卷回,反复训练。

(4)立舌:舌在口腔内向左翻转 90 度立起,再向右翻转 90 度立起,交替训练。

(5)转舌:闭唇,把舌尖伸到齿前唇后,向顺时针方向绕 360 度,多次之后,向逆时针方向绕 360 度,交替进行,反复训练。

(6)弹舌:舌尖抵住上齿龈,堵住呼出的气流,然后突然打开爆发出 te 音,使气流推动舌尖做快速弹动,反复训练。

(二)牙关打开训练

1. 口腔开合的咀嚼练习

牙关比平时说话开得略大一些,下巴放松略向后缩,上下后槽牙间像嚼着弹性物般保持一定距离地打开、闭拢,反复训练。

2. 啃苹果

用啃苹果的动作体会双侧上后槽牙提起、打开口腔中后部的感觉。

3. 半打哈欠

用半打哈欠的状态体会打开牙关、挺起软腭的感觉,再慢慢闭拢。

4. 松下巴

用手扶住下巴,缓缓抬头以打开口腔,再缓缓低头以闭口,反复训练,体会下巴放松的感觉。

(三)绕口令训练

调整好气息状态,打开口腔,在中音区和高音区用不同的音高练习绕口令。注意咬字器官的配合、力量的集中、字音的着力位置。(可选择本教程的绕口令或其他绕口令作为训练素材)

(四)成语朗读训练

哀兵必胜　爱不释手　安居乐业　按兵不动　昂首阔步　嗷嗷待哺

傲然屹立　拔地而起　跋山涉水　白驹过隙　百尺竿头　半路出家

包罗万象　饱经沧桑　背水一战　奔流不息　才思敏捷　沧海一粟
草长莺飞　层峦叠嶂　姹紫嫣红　畅所欲言　大义凛然　淡泊明志
当仁不让　刀山火海　荡气回肠　发扬光大　繁花似锦　防患未然
高风亮节　高山流水　海阔天空　含沙射影　豪情壮志　坚如磐石
见贤思齐　江山如画　开卷有益　来日方长　牢不可破　路不拾遗
潜移默化　善始善终　天道酬勤　万事如意　斩钉截铁　朝气蓬勃

(五)改善音色训练

以开音带闭音,达到闭音稍开:
安静　案例　按铃　傲视　奥秘　八字　巴西　拔起　当时
把式　板子　报纸　报警　藏青　糙米　超级　导致　答疑
以闭音带开音,达到开音稍闭:
机关　机场　句号　孤单　题海　读白　寄养　酷爱　寄卖
抵达　地道　出产　里外　福报　吐槽　期盼　期刊　笔算
以前音带后音,达到后音稍前:
提档　预想　事情　碧空　抵抗　因故　备注　背靠　半晌
比武　事后　义务　必胜　实况　余数　以上　失衡　一张
以后音带前音,达到前音稍后:
刚健　航天　高大　告别　个案　目击　报价　共济　估计
过气　合计　入迷　红利　护理　抗击　可爱　保密　方案

二、绕口令训练

白庙外蹲着一只白猫,白庙里扣着一顶白帽;白庙外的白猫看见了白庙里的白帽,叼着白庙里的白帽跑出白庙。

潘佩平,捧盆瓶,潘捧盆瓶频频碰。

天上一个盆,地下一个棚,盆掉了,棚倒了,盆也打碎了。你说是盆赔棚呢,还是棚赔盆呢?

碰碰车,车碰碰,坐着朋朋和平平。平平开车碰朋朋,朋朋开车碰平平。不知是平平碰朋朋,还是朋朋碰平平。

大渠养大鱼不养小鱼,小渠养小鱼不养大鱼。一天天下雨,大渠水流进小渠,小渠水流进大渠;小渠水流进大渠,大渠水流进小渠。大渠里有了小鱼不见大鱼,小渠里有了大鱼不见小鱼。

毛毛和涛涛,赛跑又跳高。毛毛跳不过涛涛,涛涛跑不过毛毛。毛毛教涛涛,涛涛教毛毛。毛毛跳过了涛涛,涛涛跑过了毛毛。

会炖我的炖冻豆腐,来炖我的炖冻豆腐;不会炖我的炖冻豆腐,就别炖我的炖冻豆腐。炖坏了我的炖冻豆腐,那就吃不成我的炖冻豆腐。

谭家谭老汉,挑担到蛋摊,买了半担蛋,挑担到炭摊,买了半担炭,满担是蛋炭。老汉忙回赶,回家炒蛋饭。进门跨门槛,脚下绊一绊,跌了谭老汉,破了半担蛋,翻了半担炭,脏了木门槛。老汉看一看,急得满头汗,连说怎么办,蛋炭完了蛋,老汉怎吃蛋炒饭。

六六妞妞去放牛,大牛小牛有六头。六六拉着大牛走,妞妞牵着小牛遛。六头牛,牛六头,六六妞妞,妞妞六六都爱牛。

你能不能把柳树下的那头老奶牛拉到留念山牛奶站挤奶房来挤牛奶,然后把牛奶拿到留恋村送给南边住的刘奶奶。

尖塔尖,尖杆尖,杆尖尖似塔尖尖,塔尖尖似杆尖尖。有人说杆尖比塔尖尖,有人说塔尖比杆尖尖。不知到底是杆尖比塔尖尖,还是塔尖比杆尖尖。

画上盛开一朵花,花朵开花花非花。花非花朵花,花是画上花。画上花开花,画花也是花。

红饭碗,黄饭碗,红饭碗盛满饭碗,黄饭碗盛半碗饭。黄饭碗添半碗饭,黄饭碗就比红饭碗多半碗饭。红饭碗减半碗饭,红饭碗就比黄饭碗少半碗饭。

闲来没事我出城西,树木琳琅我数不齐。一二三四五六七,七六五四三二一,六五四,三二一,五四三二一,四三二一三二一,二一一,一个一。数了半天一棵树,一棵树上七个枝,七个枝结了七样果,结的是槟子、橙子、橘子、柿子、李子、栗子、梨。

山里有个寺,山外有个市。弟子三十三,师父四十四。三十三的弟子在寺里练写字,四十四的师父到市里去办事。三十三的弟子用了四十四个小时写了三十三个字。四十四的师父走了三十三里地,办了四十四件事。

梅小卫叫飞毛腿,卫小辉叫风难追。两人参加运动会,百米赛跑快如飞。飞毛腿追风难追,风难追追飞毛腿。梅小卫和卫小辉,最后不知谁胜谁。

四十四个字和词,组成一组子词丝的绕口词:桃子、李子、梨子、栗子、橘子、柿子、榛子、槟子,栽满院子、村子和寨子;刀子、斧子、锯子、凿子、锤子、锛子、刨子、尺子,做出桌子、椅子和箱子;名词、动词、数词、量词、代词、助词、副词、连词,组成语词、诗词和唱词;蚕丝、生丝、熟丝、缫丝、染丝、晒丝、纺丝、织丝,自制粗丝、细丝、人造丝。

三、贯口训练

十道黑

一道黑,两道黑,三四五六七道黑,八九道黑十道黑。我买了个烟袋乌木杆儿,我是掐着它的两头一道黑。二姑娘描眉来演戏,瞧着她的镜子两道黑。粉皮儿墙上写“川字”儿,横瞧竖瞧三道黑。象牙桌子乌木腿儿,把它放在那个炕上四道黑。我买只母鸡不下蛋,把它圈在那个笼里捂到(五道)黑。挺好的骡子不吃草,把它拉到那街上遛到(六道)黑。买头小驴儿不拉磨,背上它的鞍韂骑到(七道)黑。姐俩南洼去割麦,丢了她的镰刀拔到(八道)黑。月窠儿的小孩儿得了病,团几个艾球灸到(九道)黑。卖瓜子的打瞌睡,哗啦啦啦撒了一大堆,他的扫帚簸箕不凑手,那么一个一个拾到(十道)黑。

夸美女

赵丰瑞

合:走进新时代,美女谁不爱,中华词汇多,看我夸起来。

甲:对面的美女请听好,您,闭月羞花、沉鱼落雁、倾国倾城、千娇百媚、明眸皓齿、淡扫蛾眉、清新脱俗、香肌玉肤、婉转风流、美撼凡尘、娉婷秀雅、婀娜翩跹。

乙:您,俏丽多姿、风姿绰约、顾盼流转、清丝缠绕、举步轻摇、一代佳人、剪水双瞳、一代容华、红粉佳人、神仙玉骨、如花似玉、美艳绝伦。

丙:您二位再看我身边,这位美女是人面桃花、天生丽质、国色天香、艳若桃李、桃羞杏让、芙蓉如面、粉白黛黑、桃腮杏脸、樱桃小口、花容月貌。

丁:您过奖,您各位婀娜多姿、天姿国色、娇艳惊人、冠绝群芳、亭亭玉立、粉面桃花、肤如凝脂、声若莺啼、楚楚动人。

甲、乙:今天来的美女们,体态轻盈、杨柳细腰、气质清纯、冰清玉洁、容颜秀美、婉约可人。

丙、丁:气质高雅、温柔体贴、知书达礼、仪态万千、清秀温婉、美丽大方。

合:走进新时代,美女谁不爱,中华词汇多,看我夸起来。今天到场的美女都是空谷幽兰、超凡脱俗、兰心蕙质、秀外慧中、温文尔雅、风华绝代。

(可以单人练习,也可以 4 人搭档表演)

第九章 喉部控制

教学目的:学生了解喉部生理结构,掌握喉部控制要领。

教学要求:学生掌握喉部放松的方法,加强喉部控制中音色和音高的变化技巧训练,形成丰富多彩的声音形式。

重点难点:喉部控制中,音色和音高的变化技巧训练。

课时安排:大课 1 课时,小课 12 课时。

第一节 理论概述

人体中介于咽和气管之间的部分称为喉,肺部呼出的气流通过喉部时,其中的声带发生颤动,它的颤动状况直接影响发声的质量。我们在训练喉部控制的同时,也要注意与气息控制、口腔控制协调配合,用科学的方式发声。

一、喉的结构和声带颤动机能

喉由软骨支架、肌肉、韧带和纤维组织膜等构成。喉的软骨支架由 11 块软骨与韧带、肌肉等组织连接而成。

在这 11 块软骨中,对发声产生直接影响的分别是:环状软骨(紧接气管上端,是形成喉的"基座")、甲状软骨(在环状软骨之上,喉支架的中部,盾甲状,两侧对称)、杓状软骨(位于喉的后部,左右对称各一块,由环杓关节连在环状软骨的后部)、会厌软骨(树叶状,位于甲状软骨上部,喉的入口处)。

声带位于喉的下端,主要由两片韧带薄膜组成。纤维片和肌肉纤维构成一个狭缝状的声门,成为呼吸时、说话时能开闭的活门(如图 9-1、图 9-2)。

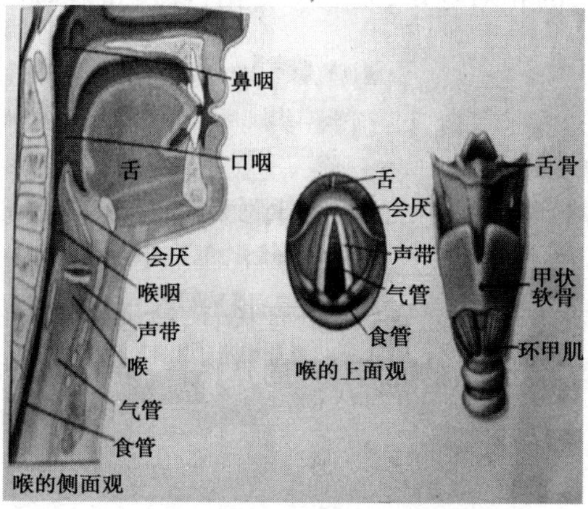

图 9-1 喉的侧面观、上面观

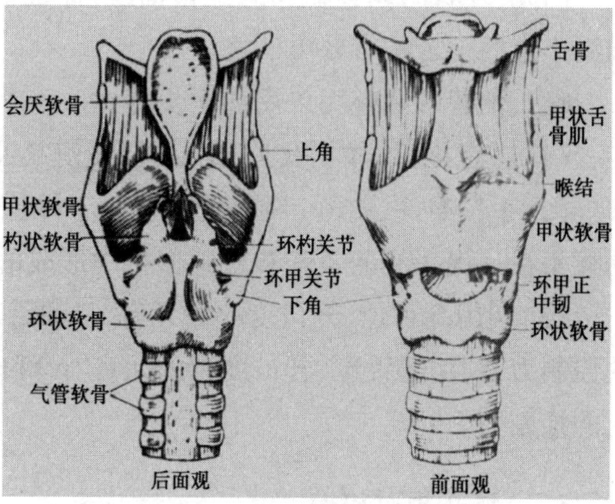

图 9-2 喉的后面观、前面观

发音开始前,声带进入准备状态。发音时,喉部肌肉收缩,使两侧声带达到必要的紧张度并相互靠拢或闭合,声门缩小或关闭。这时,从肺部流出的气息使声门下气压增高,当气压超出声带闭合紧度时,气息就会周期性地迫使声带稍向两侧分开而冲出来。在气流冲出后的一瞬间,声带又恢复原来的闭合状态。气压增高、声带冲开和闭合的一系列颤动,使气流通过声门形成一系列气喷,造成空气稠密与稀疏相间的动荡状态而形成声门波。声门波经过声道共鸣管腔的放大、美化与节制,就成为人的语音。

声带颤动不能直接形成语音,但对语音的音高和音色有重要影响。声带长度变化产生不同音高,声门开合变化产生不同音色。音高与音色的不同组合形成丰富的声音变化。

发音时声门紧密闭合、声带颤动,发出的是明亮实声;声门轻松闭合或半闭合,发出的是柔和的虚实声;声门开度略大,发出的是虚声。在每种声音类型中,由于声门开度、气流强度的不同,还有若干层次的变化。

二、喉部控制要领

喉部构造是天生的,比如声带的长短、厚薄等,但正确的喉部使用方法是可以后天训练的。

(一)喉头相对稳定

未经训练的人,喉头位移往往根据习惯而变化,欠缺控制,一般在音高变化时会出现明显的上提和下压,有的人还形成了提喉或压喉说话的不良习惯。喉头明显上提的人多带有"挤""卡"的音色,喉头明显下压的人多带有"空""浑"的音色,而且牵动了舌的运动幅度,明显影响到字音的清晰度,产生声带小结的比例也比较大。

因此，发音时调整喉头的位移幅度，保证喉头的相对稳定，是获得变化自然、和谐通畅、圆润丰满的声音的有效方法之一。

喉头位置的调整可采用如下步骤：

(1)有意提起、降下喉头，反复进行，使其灵活自如。

(2)手摸喉头，打开口腔，设想听到一件惊喜之事或惊恐之事，这时发“ɑ”音，就会感受到喉头在一提一放的紧张和松弛变化中形成的上下位移。

(3)利用高舌位、开口度小的元音“i”和舌高点偏前的元音“ü”的延长音，锻炼喉头向下的控制力；利用低舌位、开口度大的元音“ɑ”和舌高点偏后的元音“u”的延长音，锻炼喉头向上的控制力。

(二)喉头相对放松

只有喉部放松，声带才能自如地颤动，发出悦耳的声音。如果喉部过于用力，影响声带的自如颤动，不仅对发音不利，声带也容易疲劳。

直播发声时，两条声带不是紧密闭合的，而是轻松靠拢的。需要说明的是，我们要求喉头相对放松，绝不是越松越好，因为过松会使气息压力过小，致使声带运动迟滞、松懈，发出的声音极易散、沙、暗，给人有气无力的感觉。发声时喉部积极而放松的状态，才是喉部控制的最佳状态。

(三)喉部控制与呼吸控制、口腔控制配合

发音的过程是由各发音器官协同配合完成的。电商主播应加强呼吸控制和口腔控制，以便有效控制喉部，使喉部发声放松自如；呼吸控制或口腔控制不好都会直接影响喉部的状态，造成喉部紧张，影响声音的质量。

(四)克服不良发声习惯和动作

不良的发声习惯往往源于不良的发声心理状态，比如为追求某种音色，使喉部在极限状态下长时间工作；发声时不考虑具体的语言环境，“以不变应万变”等，声音表现为过紧、过实，或者过散、过虚，或者僵滞、少变化。电商主播需要调整发声心理，提高审美水平，从生活语言中汲取营养。

影响喉部控制的动作也要引起我们注意，比如发声时头偏向固定一侧，或者低头、向前伸下巴等，这样会压迫、拉紧喉部，影响发音质量。电商主播应避免用过多的头部动作去做有声语言的补充。

第二节　实训内容

一、音色训练

电商主播在直播过程中以实声为主，通过练习，实现丰富的声音虚实变化，从而进一步与多层次的音高、音量、音长的变化配合，形成多姿多彩的声音样式。

（一）体会声带的活动状态

1. 气泡音

声门闭合，气流从中均匀通过，发出一连串气泡似的声音。此时，两侧声带相互靠拢，声音明亮。气泡音可用于发声前的准备活动和发声后的嗓音恢复。

2. 带疑问色彩的[m]音

声门开始呈闭合状态，然后迅速打开，闭口发音时是带有疑问色彩的[m]音，音色由明亮迅速转暗，音高由低变高。如果张口发音，则类似于 eng 音。通过发音可以体会声门由闭到开的变化过程。

（二）音色的对比练习

通过音色变化体会声带的活动状态。

实声是声带较为靠拢时发出的声音，虚声是声带较为松弛、声门适度开启时发出的声音。根据训练提示，逐渐提升声音虚实变化的能力。

1. 两层次音色对比练习

ɑ（实声）——ɑ（虚声）	i（实声）——i（虚声）
ɑ（虚声）——ɑ（实声）	i（虚声）——i（实声）
ɑ（实声）——i（虚声）	i（实声）——ɑ（虚声）

2. 字词对比练习

啊（实声）——啊（虚声）

啊（虚声）——啊（实声）

大海（实声）——大海（虚声）

大海（虚声）——大海（实声）

大海啊（实声）——大海啊（虚声）

大海啊（虚声）——大海啊（实声）

3. 单元音音色过渡练习

ɑ(实声)$\xrightarrow{\text{实虚}}$ɑ(虚声)　　ɑ(虚声)$\xrightarrow{\text{虚实}}$ɑ(实声)

ɑ(实声)$\xrightarrow{\text{实虚}}$ɑ(虚声)$\xrightarrow{\text{虚实}}$ɑ(实声)

ɑ(虚声)$\xrightarrow{\text{虚实}}$ɑ(实声)$\xrightarrow{\text{实虚}}$ɑ(实声)

4. 字词过渡练习

大(实声)——海(实虚声)——啊(虚声)

大(虚声)——海(虚实声)——啊(实声)

5. 词的音色变化练习

要求用不同的声音色彩表现相同词语在不同语境下的变化。可仿照例句把每个词带入不同语境,体会喉和发音器官的状态,注意把握不同的语境中同一词的声音色彩的变化。

暖和　鲜亮　自由　诚实　可爱　威吓　倾听　裙子

劝说　行进　把关　繁华　停止　夺取　优良　骄傲

例句:

(1)被关在这个黑洞洞的屋子里已经两天了。我告诉自己,我要出去,我要自由!

(2)看着小羊羔在羊妈妈身后自由地跑着、跳着,我心里高兴极了!

(3)在这里,在这个就连张嘴说句话都算享有特权的地方,你跟我谈自由?

6. 段落的音色变化练习

(1)根据内容和思想感情表达的需要,设计虚实音色的具体变化

九月九日忆山东兄弟

〔唐〕王维

独在异乡为异客,
每逢佳节倍思亲。
遥知兄弟登高处,
遍插茱萸少一人。

闻官军收河南河北

〔唐〕杜甫

剑外忽传收蓟北,初闻涕泪满衣裳。
却看妻子愁何在,漫卷诗书喜欲狂。
白日放歌须纵酒,青春作伴好还乡。
即从巴峡穿巫峡,便下襄阳向洛阳。

(2)根据要求,用不同音色进行表达训练

【偏实、稍明亮音色】

常常听到不少孩子说:“数学好难呀。”每个说这句话的孩子甚至是大人,多多少少都对数学有畏难心理。

数学真的这么难吗？其实不然。我们想为初次接触数学的孩子创造一个奇妙而亲切的数学世界:在这里,数学不再是纸上枯燥的数字,而是日常生活的一部分,甚至是一场神奇的探险。

这一期为大家推荐“鼠小弟爱数学”系列图书。“鼠小弟爱数学”是一套专为2—4岁孩子精心设计的数学启蒙丛书,全书共10册。每本书都通过小老鼠艾伯、艾达姐弟俩和伙伴们的趣味故事来呈现一个数学概念,孩子们会情不自禁地跟随艾伯和艾达这对机智、可爱的姐弟一起解决“小如鼠”的问题和“大如猫”的麻烦。

每本书的最后都附有好玩的活动和小游戏,让数学概念更加清晰,便于孩子学习、理解和记忆,还能够引导孩子思考数学问题并将其运用到生活中。

希望孩子们能充满热情地学习数学,将数学作为有用的工具去探索我们生活的这个世界!

(微信公众号:荣成市图书馆《馆员荐书:鼠小弟爱数学》节选)

【偏虚、偏柔音色】

周末赖床是很美妙的。

窗帘拉开一半,光线仿佛过了筛般轻柔。

随手拿起床边的书,难得心无旁骛地阅读。

偶尔分心,目之所及,干净明了,床品柔滑细腻,色调很美。

思绪半分沉在书中,半分游离在安静的屋里,心满意足,只觉得处处妥帖。

不得不承认,我对床品有种种要求,一半的原因是为了这放松灵魂的慵懒时光。

卧室当是美的、妥帖的、舒适的,床品自然也要满足苛刻的审美。

窗外春光乍泄,眼前是波光粼粼的贡缎床品,卧室都仿佛因它而明亮。

(微信公众号:我的一条《新疆长绒棉制成的贡缎床品,“滑”进被窝,爱它细腻如绸》节选)

【偏实、明亮音色】

看过来看过来,鲜蒸的红薯干、金黄鲜艳的红薯干、QQ弹弹的红薯干,就是这圆圆胖胖的一条,吃一口让你瞬间回到童年。继续咬下去,甜甜的地瓜香气让你的味蕾绽放在家乡的原野上。如果你用手撕羊肉的豪爽吃法来对待它,撕开的一瞬间,你就会知道不仅仅藕断丝会连,原来薯断丝也连。你追剧的时候、闲聊的时候、一个人发呆数星星的时候,都适合吃。

二、音高训练

音高变化的训练是为了扩展音域,只有喉部放松,我们才能获得变化自如、高质量的声音。有不良用声习惯、发声偏高或者偏低的主播,可以通过这些练习找到适合不同直播环境的音高。

(一)音域扩展练习

拓展高音。将自己发出的舒适的中音定为音阶 1,用单元音“ɑ、i、u、ü”做练习发长音,然后将声音升高,发音阶 2、3、4、5、6、7、i。注意发高音时应避免过亮的实声,升高时应循序渐进。

拓展低音。将自己发出的舒适的中音定为音阶 i,用单元音“ɑ、i、u、ü”做练习发长音,然后依音阶 7、6、5、4、3、2、1 逐步降低。尽量用柔和的音色,以避免对喉的伤害。

螺旋音练习。从自如的低音区开始发 ɑ 或 i,持续发音,层层上绕,达到高音后,层层下绕,回到低音区,循序渐进。注意发音时喉部的相对稳定与松弛。

(二)确定适当音高

1. 由高音到低音练习下面的句子,然后进行比较,找出适合自己的音高

(1)欢迎来到直播间!

(2)开春口红排行榜!第一支简直美哭我!女生一定要买!

(3)反正对我来说,口红就像咖啡一样,是可以“续命”的!

2. 运用音高变化朗读

沁园春·长沙

毛泽东

独立寒秋,湘江北去,橘子洲头。
看万山红遍,层林尽染;漫江碧透,百舸争流。
鹰击长空,鱼翔浅底,万类霜天竞自由。
怅寥廓,问苍茫大地,谁主沉浮?
携来百侣曾游。忆往昔峥嵘岁月稠。
恰同学少年,风华正茂;书生意气,挥斥方遒。
指点江山,激扬文字,粪土当年万户侯。
曾记否?到中流击水,浪遏飞舟!

3. 声音色彩变化练习

通过声音大小、强弱、高低、虚实、明暗等对比变化,塑造不同的形象。

鹅

鹅对满院的家禽说:“从今后我们要相互学习,特别是对我,有啥意见尽管提,千万不要客气。”

“请你没事儿别总是大喊大叫，吵得大伙儿都不得休息。”

“哦，我生来就是个大嗓门儿，大家捂住耳朵不就解决了问题。”

“我也来提醒你一声，吃起东西来，不要只顾自己。”

“哎！胃口大不能算缺点。何况大家没形成礼让的风气！”

“还有，你的飞翔术并不高明，可总吹嘘天鹅要来请教你。”

“喂，提意见也得有个分寸，不要纠缠那些鸡毛蒜皮的事情。”

“有一回，你扯住小鸡的耳朵说，再提意见就把它拖下水去。”

“我不过跟它开了个玩笑，这算什么批评，简直就是打击！”

有些人拿着批评的武器，只是为了炫耀自己，千万不能碰到他的痛处，轻轻搔痒倒还可以。

（训练时可以设想不同的动物在给这只大鹅提意见，注意设计不同的声音表现形式，也要想象大鹅的情绪和声音变化）

三、贯口训练

甜甜的糖果

甲：我们的生活非常美味，

乙：甜甜的糖果让人心醉，

合：每一个名字，都是甜蜜的滋味。

甲：红糖、白糖、黄糖、酥糖、砂糖、皮糖，

乙：软糖、硬糖、奶糖、冰糖、姜糖、方糖，

甲：果汁糖、果冻糖、气泡糖、润喉糖、咖啡糖、波板糖、棒棒糖、芝麻糖，

乙：杏仁糖、花生糖、橡皮糖、什锦糖、太妃糖、跳跳糖、QQ 糖、薄荷糖，

甲：麦芽糖、夹心糖、口香糖、泡泡糖、水果糖、橘子糖、西瓜糖，

乙：棉花糖、酥心糖、牛皮糖、酒心糖、榴梿糖、人参糖、桂花糖，

甲：糖冬瓜、糖莲藕、糖椰角、糖椰片，

乙：糖莲子、糖马蹄、糖松子、糖核桃，

甲：绿箭口香糖、黄箭口香糖、白箭口香糖、益达口香糖，

乙：鲜奶椰子糖、咖啡椰子糖、原味椰子糖、特浓椰子糖，

甲：果味跳跳糖、朱古力奶糖、阿尔卑斯糖、旺仔 QQ 糖。

乙：只要你的味蕾，尝过它的美味，

甲：你就不会忘记，它有多甜多美。

合：送你一颗糖果，甜甜蜜蜜相随。

（可以单人练习，也可以 2 人搭档表演）

四、新闻训练

独臂女孩回乡，带村里人一起“走花路”（节选）

90后女孩李敏幼年失去左小臂，大学毕业后，她回到江苏老家开网店，将家乡的花木、盆景销往全国，最高年销售额超百万。在她的带动下，村里创立了公益直播基地，电商增加到400多户。作为党的二十大代表，李敏说“一路走来，我受到很多人的帮助，想尽自己的能力回馈他们”。

她7岁遭遇车祸失去左小臂　大学毕业后决定回乡创业

李敏出生于1990年，7岁时因为车祸失去了左小臂，“挤牙膏、拧毛巾都得从零学起”。

2012年大学毕业后，李敏决定回乡创业，开网店卖花木，主要售卖百合、绿萝等花卉绿植。“沭阳是全国闻名的花木之乡，也是花木电商创业者的摇篮，我为什么不回去试试?”

单手打包花卉，对李敏来说是个挑战，经过反复的摸索和练习，现在，李敏打包一盆绿植只需要两三分钟。

爱动脑的李敏，还在琢磨如何将网店做得更好，创新营销模式。借助直播卖花木，李敏的网店从刚开始几个月才接一单到后来人气越来越旺，最高年销售额达到100多万元。

在村里创办公益直播基地　她希望带领全村人致富

李敏回乡创业的励志故事，打动了很多人。她想通过努力带动更多乡亲致富。2017年，她考取了“返乡兴村新村干”，成为沭阳县新河镇双荡村的党总支副书记。为了更好地带动村民增收致富，她在村里设立了电商扶贫驿站，定期邀请专业老师、电商从业者，现场开设直播教学、图片拍摄技巧、店铺运营等课程。在李敏的带动下，村里的电商由原来的200户增加到400多户。2021年，李敏还创办了公益直播基地，带领更多人通过直播方式增收致富。

“全国巾帼建功标兵”“江苏省劳动模范”，返乡创业十年，李敏从初出茅庐的大学毕业生成为屡获殊荣的村干部。她既见证着自己的华丽蜕变，也见证着村子里的巨变。李敏说：“这个身份是认可也是责任，我会继续做好乡村振兴带头人，带领更多村民增收致富，让生活一年更比一年好。”

第十章　共鸣控制

教学目的：学生了解人体各共鸣腔体，学会共鸣控制的方法。

教学要求：学生在发声时切实掌握对共鸣的控制。

重点难点：共鸣控制的方法。

课时安排：大课 1 课时，小课 12 课时。

第一节　理论概述

除了口腔控制、呼吸控制、喉部控制之外，电商主播还要通过共鸣控制来调整自己的声音。共鸣控制在使语音清晰、声音优美等方面发挥着重要作用。

一、共鸣器官

人体发声的共鸣器官，在喉以下有胸腔和气管，在喉以上有喉腔、咽腔、口腔和鼻腔。

胸腔可以看作不可调节共鸣腔。胸腔容积大，对低频声波共鸣作用明显。胸腔共鸣不参与语音的制作，但可以扩大音量，增加低泛音，使声音听起来洪亮、浑厚、结实。电商主播发声时应注意两肋打开、撑住，保持胸廓的积极状态，产生较好的胸腔共鸣。

喉腔，指位于声带与假声带之间的喉室和位于假声带之上的喉前庭。喉腔容积虽小，却是喉原音发出后经过的第一个共鸣腔，它的状况直接影响声音的质量。电商主播在发声时应注意喉头的放松及位置的相对稳定。

咽腔也叫咽管，一般分为三部分：软腭以上，上段通鼻腔，称为鼻咽部；中段通口腔，称为口咽部；下段通喉腔，称为喉咽部。软腭的升降可以关闭或打开鼻腔通路。电商主播在发声时应注意保持后咽壁的积极状态，同时注意抬起软腭。

口腔是发声过程中运动最灵活、复杂的腔体，口腔的形状对共鸣有重要影响。电商主播发声时应以口腔共鸣为主，其他腔体共鸣只有在口腔取得良好共鸣的基础上才能实现。电商主播发声时要打开牙关,提起颧肌,挺起软腭,放松下巴,同时注意各咬字器官的力量集中,尤其是唇、舌力量的集中。

鼻腔属于不可调节共鸣腔。鼻腔共鸣主要通过以下三种方式实现:一是在发鼻辅音时,软腭下垂,鼻腔通路打开,声波随气流通过鼻腔透出,产生鼻腔共鸣;二是在发鼻化元音时,软腭略下垂,声波随气流分两路,分别由口腔、鼻腔透出,产生鼻腔共鸣;三是在发声过程中,声波在口腔冲击硬腭,由骨传导而产生鼻腔共鸣。艺术语言发声把鼻腔以上的共鸣称为“头腔共鸣”。

二、发声共鸣的特点

电商主播发声的特点决定了其采取以口腔共鸣为主、以胸腔共鸣为基础的共鸣方式。不可过于追求头腔共鸣,以免声音太过明亮、尖利、刺耳;也不可过多使用胸腔共鸣,以免声音太过低沉、浑浊、含混、压抑。

电商主播在直播过程中对共鸣的控制首先体现在发声时的精神状态,要保持积极的状态,以使各共鸣腔尤其是口腔腔壁舒展、自然。

第二节 实训内容

共鸣的控制训练是一个综合训练,目的是获得较丰富的口腔共鸣,增加胸腔共鸣色彩,使声音浑厚、结实、有力,提高呼吸控制、口腔控制、喉部控制与共鸣控制的协调一致性。

一、胸腔共鸣练习

(一)体会胸腔共鸣

用较低的声音发 ha 音,声音浑厚,感觉是从胸腔发出的。如果感觉不明显,可以逐渐降低音高,也可以用手轻按胸部,从高到低,从实声到虚声发 a 的延长音,体会哪一段声音让胸腔颤动强烈,然后在这一段做胸腔共鸣练习。一般来说,较低又柔和的声音易产生胸腔共鸣。

(二)用具有胸腔共鸣的声音练习含有 a 音的词

阑珊　难堪　攀谈　蹒跚　到达　误删　自发　处罚

(三)朗诵古诗,注意加强韵脚的共鸣

春夜喜雨

〔唐〕杜甫

好雨知时节,当春乃发生。
随风潜入夜,润物细无声。

题西林壁

〔宋〕苏轼

横看成岭侧成峰,远近高低各不同。
不识庐山真面目,只缘身在此山中。

二、口腔共鸣练习

(一)朗读四字词,体会打开口腔、力量集中、声着前腭的感觉

爱民如子	跋山涉水	才貌双全	大张旗鼓	耳目一新	奋不顾身
公而忘私	赫赫有名	积少成多	开天辟地	落落大方	满面春风
南征北战	呕心沥血	鹏程万里	旗帜鲜明	人杰地灵	身经百战
太平盛世	万古流芳	相敬如宾	言传身教	朝发夕至	爱憎分明

(二)嘴角略微向上抬,消除消极音色

发音时嘴角下垂不利于表达欢乐、积极的感情,可以结合"提颧肌"动作使嘴角略微上抬,体会声音色彩的变化。

用本书的单元音韵母训练素材做练习。

用开口度大的绕口令或音色明快的贯口、段落做练习。

(1)一月专吃猕猴桃,二月甘蔗营养高,三月菠萝正当令,四月山竹胃口调,五月草莓为上品,六月水果属樱桃,七月桃子全身补,八月西瓜暑气消,九月葡萄抗氧化,十月白梨把肺保,十一月苹果人皆益,十二月橘子维C高。

(2)拌鸡丝儿、拌肚丝儿、什锦豆腐、什锦丁儿、糟虾、糟蟹、糟鱼、糟熘鱼片儿、熘蟹肉、炒蟹肉、清拌蟹肉、蒸南瓜、酿倭瓜、炒丝瓜、焖冬瓜、焖鸡掌、焖鸭掌、焖笋、熘茭白、茄干儿晒卤肉、鸭羹、蟹肉羹、三鲜木樨汤、红丸子、白丸子、熘丸子、炸丸子、三鲜丸子、四喜丸子、氽丸子、葵花丸子、豆腐丸子、红炖肉、白炖肉、松肉、扣内、烤肉、酱肉、荷叶肉、一品肉、樱桃肉、马牙肉、酱豆腐肉、坛子肉、罐儿肉、元宝肉、福禄肉、红肘子、白肘子、水晶肘子、蜜蜡肘子、烧烀肘子、扒肘条儿、蒸羊肉、烧羊肉、五香羊肉、酱羊肉、氽三样儿、爆三样儿、烧紫盖儿、炖鸭杂

儿、熘白杂碎、三鲜鱼翅、栗子鸡、尖氽活鲤鱼、板鸭、筒子鸡。

(3)我们看到过很多国画风图案的丝巾、抽象派画风图案的丝巾,当然还有很多纯色的丝巾、几何图案的丝巾,但是今天不一样,给大家看一款萌萌哒的丝巾。看!这只系着黑色领结的小白猫和这只系着白色领结的小黑猫,它们正优雅地伸长脖子,瞪大眼睛看着你,你有没有想马上把它带回家的感觉呀?别犹豫,跟着感觉走,养不养宠物都不耽误你先把它系在脖子上。现在下单,明天它就奔着你去了。顶多大后天,它就是你的新宠啦!

(三)改善 ü、u、o 的音色

在发带有 ü、u、o 韵母的音节时,嘴唇噘得过高会导致音色黯淡、沉闷。可以将唇齿靠近,减少噘唇程度,使音色得到改善。用带有 ü、u、o 的韵母做改善音色练习,比较音色变化。

ao　ou　iao　iou　ua　u　uo　uai　uei　uan

uen　uang　ueng　ong　ü　üe　üan　ün

(四)语段练习

(1)今天给大家上一款来自 XX 的蟠桃。大家看我手里这个大果,有我手掌这么大。中果呢,像女孩的手掌这么大。黄灿灿的外皮,细细的一层小绒毛。在这个黄色当中啊还透着一抹红,好像它还有点羞答答的。拿盐水泡一泡再洗,小桃毛就彻底清干净了。刚买回家的时候,它是脆甜脆甜的,放上两天之后,咬一口,爆汁儿!甜甜的、软软的、糯糯的,满嘴都是软糯香甜的幸福滋味。

(2)从我小时候记事起,辣条就攻占了各大中小学校的小卖部。一到放学,三三两两的中小学生就跑到小卖部买辣条。现在我们长大了,这么多年过去了,小卖部的商品更新了一代又一代,但是辣条的地位仍然屹立不倒。对于我们很多人来说,辣条在童年记忆中有不可撼动的地位,是很多人爱不释手的小零食。所以今天呢,我给大家带来一款超好吃的麻辣小零食,就是这个××魔芋爽了!

今天给大家带来的××魔芋爽,虽然是××家族的一员,但是它和它的辣条兄弟姐妹有点不一样。大家看啊,首先它的包装很精致,是一个大包装里面包含五个独立的小包装,携带很方便,小包直接装在口袋里,随时随地都可以吃。每一款式口感都超棒,打开给大家看一下,这个魔芋爽色泽非常艳丽,撕开包装的一刹那,直接闻到香味了,先尝一口,香辣爽口,弹性十足,非常解馋。一口咬下去感觉嘴里非常热闹,好像辣条在你嘴里跳舞一样,越吃越过瘾。大家宅家刷剧或者朋友聚会时,它都是一道不错的休闲小零食。

(李志鹏)

三、鼻腔共鸣练习

(一)用 m、n 开头的音做练习,体会鼻腔共鸣

鼻腔共鸣少的人可以做这一练习,但切勿使鼻腔共鸣过多而导致鼻音色彩过重。一般

来说，发 a 音时舌位低，鼻腔共鸣弱，软腭下降幅度可稍大些；发 i、ü、u 音时舌位高，口腔通路窄，气流容易进入鼻腔产生共鸣，因此软腭不可下降过多，否则会使元音完全鼻化。可用 m、n 开头的音做练习，体会鼻腔共鸣。

面貌　明码　棉麻　买面　门楣　弥漫　民盟

明星　牛腩　命运　奶娘　难能　渺茫　南宁

（二）减少鼻音色彩的训练

因为鼻腔共鸣过多而造成鼻音过重，可以用以下练习来改善音色。

手捏鼻孔不出气，发 a 音。如果鼻腔从元音就开始颤动，说明鼻腔共鸣过多，应减少元音的鼻化程度。

串发六个元音：a—o—e—i—u—ü。在发音过程中，检查是否有元音鼻化现象。

十六个鼻韵母的主要元音与鼻韵尾做分合练习。练习时先发准元音，再发鼻尾音，然后合并发音，注意鼻韵母当中的元音不要过早鼻化。

a—n—an	i—a—n—ian	u—a—n—uan	ü—a—n—üan
e—n—en	i—n—in	u—e—n—uen	ü—n—ün
a—ng—ang	i—a—ng—iang	u—a—ng—uang	e—n—eng
i—ng—ing	u—e—ng—ueng	o—ng—ong	i—o—ng—iong

（三）语段练习

来看一下这款蚕丝被，精选的天丝提花面料，清爽丝滑，触感柔软。被子上绣着淡雅的雏菊，绿色叶片衬托着白色的花瓣，中间的黄色花蕊非常有立体感。洁白的被面如同画布，花朵就这样点缀在这幅清新雅致的画布上。它采用桑蚕丝填充，防螨抗菌，柔软透气。我们享受美好的生活，不仅是在人前光鲜亮丽，更需要在沉沉睡去时能做一个温暖的好梦。

四、共鸣综合练习

（1）人人尽说江南好，游人只合江南老，春水碧于天，画船听雨眠。垆边人似月，皓腕凝霜雪。未老莫还乡，还乡须断肠。（韦庄《菩萨蛮》）

（2）其实幸福和世界万物一样，有它的征兆。幸福常常是朦胧的，很有节制地向我们喷洒甘霖。你不要总希望轰轰烈烈的幸福，它多半只是悄悄地扑面而来。你也不要企图把水龙头拧得更大，那样它会很快地流失。你需要静静地以平和之心，体验它的真谛。（毕淑敏《提醒幸福》节选）

（3）在历史时代，国家间经常发生对抗，好男儿戎装卫国，国家的荣誉往往需要以自己的生命去换取。但在和平时代，唯有这种国家之间大规模对抗性的大赛，才可以唤起那种遥远而神圣的情感，那就是：为祖国而战！（冯骥才《国家荣誉感》节选）

五、贯口练习

同仁堂

同仁堂,开的本是老药铺,先生这个好比甩手自在王。

药王爷坐中央,十大名医列两旁。先拜药王后拜你,你是药王爷的大徒弟。药王爷,本姓孙。骑龙跨虎,手捻着针。

内科的先生孙思邈,外科的先生华佗高。孙思邈,医术高,三十二岁入朝堂。

正宫的国母得了病,走线号脉治好了。一针治好娘娘的病,两针扎好了龙一条。万岁一见龙心喜,钦身封他在当朝。封他文官他不要,封他武将把头摇。万般无奈无计奈,亲身赐件大黄袍。

一旁惹恼哪一个,惹恼了敬德老英豪。为臣我东挡西杀功劳大,为什么不赐那黄袍?一副钢鞭拿在手,手拿钢鞭赶黄袍。药王爷,妙法高,脱去了黄袍换红袍。黄袍供在药王阁,黎民百姓把香烧。

药王阁里有拦柜,这个拦柜三尺三寸三分三厘高。一边供着轧药碾,一边供着铡药刀。铡药刀,亮镗镗,有几味草药您先尝。先铡牛黄与狗宝,后铡槟榔与麝香。桃仁陪着杏仁睡,二人躺在了沉香床。睡到三更茭白叶,胆大的木贼跳进墙。盗走了水银五十两,金毛狗儿叫汪汪。有丁香去送信,人参这才坐了大堂。

佛手抄起甘草棍,棍棍打在陈皮上。打得这个陈皮流鲜血,鲜血淌在了木瓜上。大风丸、小风丸、胖大海,滴溜圆,狗皮膏药贴伤寒。

我有心接着药名往下唱,唱到明儿个也唱不完。我唱的是祝各位健健康康、福寿双全!

报书名

勤学习,多读书,中外名著不可不读,成千上万的书目,丰盈无数,列举一些供您选读:

《暴风雨》《茶花女》《包身工》《华盖集》《十日谈》《洪波曲》《红与黑》《双城记》;

《女神》《月牙儿》《三国演义》《春寒》《伤逝》《狂人日记》;

《战争风云》《彼得大帝》《啼笑因缘》《聊斋志异》《暴风骤雨》《封神演义》;

《呐喊》《彷徨》《百万英镑》《四世同堂》;

《为了生活》《卖花姑娘》《为了生命》《珍妮姑娘》;

《小家碧玉》《城市姑娘》《悲惨世界》《被抛弃的姑娘》;

《西厢记》《西游记》《播火记》《大刀记》《老残游记》;

《家》《春》《秋》《寒夜》《子夜》《白夜》《日日夜夜》《一千零一夜》;

《红楼梦》《蝴蝶梦》《银色的梦》《海的梦》《金钱梦》《金陵春梦》;

《林家铺子》《骆驼祥子》《我的儿子》《我这一辈子》《少奶奶的扇子》《第十四个儿子》;

《手的故事》《英雄的故事》《悲惨的故事》《红松岭的故事》《意大利的故事》；

《洋铁桶的故事》《卓娅和舒拉的故事》《一个女人翻身的故事》《牧师和他的工人巴尔达的故事》；

《复活》《苦力》《结婚》《登记》《腐蚀》《幻灭》《野草》《点滴》；

《追求》《光明》《罗亭》《神曲》《火马》《火葬》《偷生》《赶集》；

《红日》《红岩》《红潮》《红旗》《简·爱》《考验》《火炬》《伙计》；

《金星》《金钱》《金罐》《霍乱》《初欢》《初恋》；

《海燕》《海鸥》《海狼》《丹娘》《母亲》《故乡》；

《第一个名字》《第一次嘉奖》《第二次握手》《第二颗心脏》；

《静静的顿河》《好兵帅克》《唐·吉诃德》。

中外名著千千万，历数不尽怎么办？中外名著千千万，历数不尽多阅览！多阅览！

第十一章 声音弹性

教学目的:学生了解声音的弹性形式与表现特点,提高声音的可变性,适应不同的直播需求和引流视频制作要求。

教学要求:学生掌握使声音富于弹性的方法,按照不同的文本与场景,仔细揣摩、体会声音变化过程中的控制状态。

重点难点:声音富于弹性变化的方法。

课时安排:大课 1 课时,小课 16 课时。

第一节 理论概述

有的电商主播认为自己不从事播音主持工作,也不需要登台朗诵或表演,是否拥有色彩丰富的声音好像并不重要,实则不然。不同的商品、不同的带货环境、不同的直播人设,需要主播拥有不同的声音表现力。毕竟让声音更富于可变性,让用户产生更好的观看体验,对电商主播而言十分重要。

一、富于弹性的声音形式

声音弹性是指声音形式对人们变化着的思想感情的适应能力,即声音随感情变化而产生的伸缩性、可变性。人的感情总在不停地运动变化,这种运动变化是表达的内在动力。它要求气息、声音随之产生变化,以声音形式来体现感受到的一切。

二、声音弹性的表现特点

声音弹性不仅表现在声音的可变性上,而且表现在声音的对比性上。这种对比具有层次性。因此,加强声音的对比训练是提高声音弹性和丰富声音色彩的有效办法。

声音弹性对比训练包括声音的刚与柔、强与弱、高与低、明与暗、实与虚、厚与薄、收与纵等。声音色彩的对比具有丰富的层次感，表达时控制的水平越高，层次就越细致分明。

三、如何使声音富于弹性

声音弹性不能脱离具体语境，语境不同，感情也不同。感情是运动的，声音是可变的，这两条是声音产生弹性变化的必要条件。

气息要随感情变化而运动。气息是发声的动力，是由情到声的桥梁。

发声能力的扩展有利于声音弹性的加强。因为良好的声音弹性必须以较强的发声能力为基础。

在发声的各环节中，对发声的调节控制要留有余地，只有这样才有利于声音弹性的表现。音量过大或过小、声调过高或过低、口腔开度过大或过小、口腔过紧或过松、字音的着力点过于靠前或靠后等，都是发声控制达到极限的表现。在这些情况下，声音难以产生弹性变化。比如，有的电商主播音量一直很高，用户可能会产生烦躁感；有的主播声音细弱，音量一直过低，会给人无力感；还有的主播声音一直偏冷，用户会感觉主播不够热情。

电商主播要想和用户产生良好的交流，就要加强声音的弹性训练。

第二节　实训内容

一、高与低的声音弹性对比训练

高与低指在本人音域范围内音调相对的高与低。

（一）选一句话，先一级级升高，再一级级降低

少年智则国智，少年强则国强。

少年智则国智，少年强则国强。　少年智则国智，少年强则国强。

少年智则国智，少年强则国强。　少年智则国智，少年强则国强。

少年智则国智，少年强则国强。　少年智则国智，少年强则国强。

少年智则国智，少年强则国强。　少年智则国智，少年强则国强。

少年智则国智，少年强则国强。　少年智则国智，少年强则国强。

(二)一句话内音高先由低到高,再由高到低

少年智则国智,少年强则国强

少年智则国智,少年强则国强

二、强与弱的声音弹性对比训练

(一)稍弱偏柔的声音练习

已经快12点了,今天给大家上的最后一款产品是××小夜灯。单身的女生在马上就要睡去的那一刻,既不喜欢突然面对一片黑暗,也不喜欢灯火通明。这款小夜灯知晓你的心思,它就亮着那么似有若无的一点光,让你心有依靠又不被打扰。尤其是一个人在家的时候,它是一种温暖的陪伴。

(二)偏强的声音练习

对电商主播来说,商品的质量是最重要的,质量高、信誉好是长期发展的保证。不讲信用以次充好、说多发少、说大发小、说好发次都是不讲诚信、不重质量的做法,最后害的终归是自己。

(三)用不同距离的朗读训练声音的变化

情景1:一个人在家中,因为怕打扰他人而轻声读。

情景2:想象不同的距离,让对方能够听见(2米、10米、20米)。

情景3:在直播间里读给用户听。

读中国

阿紫

在东方
有一条腾飞的巨龙
在东方
有一个巨龙的民族
在东方
有横撇竖捺的方块字
在东方
大写的方块字里
让我们
和世界一起
读中国

我们读中国
用祖先钻木的火种
照亮华夏文明
生生不息的长河
我们读中国
沿着甲骨文沧桑的纹理
驾驭历史的长车
纵横阡陌

我们读中国
在人之初
性本善的《三字经》里
学会做人的道理
我们读中国
在赵钱孙李
周吴郑王的《百家姓》中
懂得共生共存的融合

我们读中国
聆听悠长的青铜编钟
与孔子、孟子
种几棵青柳
促膝长谈
我们读中国
纵观岁月的风起云涌
与李白、杜甫
隔几株老梅
论潮涨潮落

我们读中国
用四大发明的奇迹
唤醒
胸口沉睡的雄狮
我们读中国
铺一条锦绣的丝绸之路
通向世界
让世界
走进一带一路
开放的中国

我们在
谁言寸草心
报得三春晖的唐诗里
读感恩的中国
我们在
但愿人长久
千里共婵娟的宋词里
读思念的中国

我们在
炮火连天的硝烟里
读怆然悲壮的中国

我们在
红旗漫卷的西风中
读繁荣昌盛的中国

我们和长辈
读门前的老树
读江上的渔火
读老娘的白发
读让我们泪流满面的温暖的中国

我们和晚辈
读中华的崛起
读复兴的希望
读团结的力量
读让我们众志成城的辉煌的中国

读中国
你会越来越爱
这片神奇的土地
读中国
你会越来越亲
这里的每一寸山河

读中国
你会想起乳名一样的父老乡亲
读中国
你会发自肺腑地
向着东方喊
我爱你，中国

三、实与虚的声音弹性对比训练

(一)实声练习

声门轻松闭合，声音响亮扎实，清晰度较高。

接下来给大家介绍的是一款开袋即食的休闲健康小零食，××芝麻夹心海苔！这个品牌是专注海产品的专业品牌，海苔都是甄选的新鲜紫菜，没有任何香精色素和防腐剂，特别健康。紫菜含有多种微量元素，对身体特别有益。大家可以看一下我们的海苔，它是双层海苔，咬一下酥脆可口，越嚼越香，散发的是天然清香的味道，撒上芝麻，经过慢慢烘烤，脆爽美味。

老人小孩都可以吃，平常可以直接放到包里，特别方便。40 克一袋，三袋的秒杀价是 29.9 元。只要 29.9 元，三袋芝麻夹心海苔就可以带回家了。数量有限，大家赶紧下单，先到先得。

(二)虚实声练习

虚声多用于描述想象的事物或令人惊叹的事物。

在这款面膜上脸的瞬间，大家会体验到真丝一般的独特触感，细腻、柔软，像是微风轻抚脸庞。因为面膜是天丝质地，所以跟肌肤的帖合度更高，能给大家带来面部无死角的补水享受。

在敷这款面膜的时候，细腻的天丝质地加上深海的海藻精华，会让大家感觉像有无数的深海小精灵，在给我们的面部做舒缓美白的精油 SPA。

四、明与暗的声音弹性对比训练

(一)明朗的音色练习

这支清新水感炫光唇膏,在这个春天绝对会大火,太好看啦!它像把春日的风情涂在了嘴巴上。

这支唇膏添加了玻尿酸因子,同时拥有润唇膏的滋润度和高饱和的色彩度,让你的嘴唇在涂上它之后饱满莹润,显得青春又活泼。

(二)稍暗的音色练习

月光如流水一般,静静地泻在这一片叶子和花上。薄薄的青雾浮起在荷塘里。叶子和花仿佛在牛乳中洗过一样,又像笼着轻纱的梦。虽然是满月,天上却有一层淡淡的云,所以不能朗照;但我以为这恰是到了好处——酣眠固不可少,小睡也别有风味的。月光是隔了树照过来的,高处丛生的灌木,落下参差的斑驳的黑影,峭楞楞如鬼一般;弯弯的杨柳的稀疏的倩影,却又像是画在荷叶上。塘中的月色并不均匀;但光与影有着和谐的旋律,如梵婀玲上奏着的名曲。

(朱自清《荷塘月色》节选)

五、刚与柔的声音弹性对比训练

(一)偏刚的声音练习,气息和口腔控制比较有力

它让你走路带风,气场强到800米开外;它让你在秋风乍起时用竖起的衣领迎接金黄的落叶;它让你用衣间的腰带、斜插的衣兜打造一转头的酷帅。你确定不在你的衣柜里为这件风衣留一个C位吗?

(二)偏柔的声音练习,气息和口腔控制比较和缓

盼望着,盼望着,东风来了,春天的脚步近了。

一切都像刚睡醒的样子,欣欣然张开了眼。山朗润起来了,水涨起来了,太阳的脸红起来了。

小草偷偷地从土里钻出来,嫩嫩的,绿绿的。园子里,田野里,瞧去,一大片一大片满是的。坐着,躺着,打两个滚,踢几脚球,赛几趟跑,捉几回迷藏。风轻悄悄的,草软绵绵的。

(朱自清《春》节选)

六、厚与薄、粗与细的声音弹性对比训练

猴王找到个大西瓜，可是，怎么吃呢？这个猴啊，是从来也没有吃过西瓜。忽然，它想出了一条妙计。于是，它把所有的猴都召集来了。

它清了清嗓子："今天，我找到了一个大西瓜。至于这西瓜的吃法嘛，我当然……当然是知道的。不过，我要考验一下大伙的智慧，看看谁能说出这西瓜的吃法。如果说对了，我可以多赏它一块。如果说错了，我可要惩罚它！"

大伙你看看我，我看看你，可是谁也没有吃过西瓜。

小毛猴眨巴眨巴眼睛，挠了挠腮说："我知道，我知道，吃西瓜是吃瓤！"

"不对！小毛猴说得不对！"秃尾巴猴跳了起来："我小的时候跟我妈去姥姥家，吃过甜瓜，吃甜瓜就是吃皮。我想，这甜瓜也是瓜，西瓜也是瓜，吃西瓜嘛，当然也是吃皮咯。"

这时候，大伙争执起来，有的说："吃西瓜吃皮！"有的说："吃西瓜吃瓤！"可争了半天，也没争出个结果，于是都不由得把目光集中到一只老猴的身上。

这老猴认为出头露面的机会来了，它捋了捋胡子，清了一下嗓子说："这吃西瓜嘛，当然……当然是吃皮啦。我从小就爱吃西瓜，而且……而且一直都是吃皮的。我想，我之所以长寿，就是因为吃了这西瓜皮……"

（《猴吃西瓜》节选）

七、纵与收的声音弹性对比训练

乌云越来越暗，越来越低，向海面直压下来，而波浪一边歌唱，一边冲向高空，去迎接那雷声。

雷声轰响。波浪在愤怒的飞沫中呼叫，跟狂风争鸣。看吧，狂风紧紧抱起一层层巨浪，恶狠狠地把它们甩到悬崖上，把这些大块的翡翠摔成尘雾和碎末。

海燕叫喊着，飞翔着，像黑色的闪电，箭一般地穿过乌云，翅膀掠起波浪的飞沫。

看吧，它飞舞着，像个精灵，——高傲的、黑色的暴风雨的精灵，——它在大笑，它又在号叫……它笑那些乌云，它因为欢乐而号叫！

这个敏感的精灵，——它从雷声的震怒里，早就听出了困乏，它深信，乌云遮不住太阳，——是的，遮不住的！

（高尔基《海燕》节选）

八、声音弹性综合训练

声音弹性是以复合形式出现的，因而在单项对比训练的基础上，我们还要进行综合练习。

(一)十三辙练习

1. 发花辙:韵母是 a、ia、ua

泊秦淮

〔唐〕杜牧

烟笼寒水月笼沙,夜泊秦淮近酒家。
商女不知亡国恨,隔江犹唱后庭花。

2. 梭波辙:韵母是 o、e、uo

咏鹅

〔唐〕骆宾王

鹅,鹅,鹅,曲项向天歌。
白毛浮绿水,红掌拨清波。

3. 乜斜辙:韵母是 ê、ie、üe

忆秦娥·娄山关

〔近现代〕毛泽东

西风烈,长空雁叫霜晨月。霜晨月,马蹄声碎,喇叭声咽。
雄关漫道真如铁,而今迈步从头越。从头越,苍山如海,残阳如血。

4. 一七辙:韵母是 i、ü、er

江畔独步寻花·其六

〔唐〕杜甫

黄四娘家花满蹊,千朵万朵压枝低。
留连戏蝶时时舞,自在娇莺恰恰啼。

5. 姑苏辙:韵母是 u

元日

〔宋〕王安石

爆竹声中一岁除,春风送暖入屠苏。
千门万户曈曈日,总把新桃换旧符。

6. 怀来辙：韵母是 ai 和 uai

游园不值

〔宋〕叶绍翁

应怜屐齿印苍苔，小扣柴扉久不开。
春色满园关不住，一枝红杏出墙来。

7. 灰堆辙：韵母是 ei 和 uei（ui）

晚春二首·其一

〔唐〕韩愈

草树知春不久归，百般红紫斗芳菲。
杨花榆荚无才思，惟解漫天作雪飞。

8. 遥条辙：韵母是 ao 和 iao

春晓

〔唐〕孟浩然

春眠不觉晓，处处闻啼鸟。
夜来风雨声，花落知多少。

9. 油求辙：韵母是 ou 和 iou（iu）

题临安邸

〔宋〕林升

山外青山楼外楼，西湖歌舞几时休？
暖风熏得游人醉，直把杭州作汴州。

10. 言前辙：韵母是 an、ian、uan、üan

石灰吟

〔明〕于谦

千锤万凿出深山，烈火焚烧若等闲。
粉骨碎身浑不怕，要留清白在人间。

11. 人辰辙：韵母是 en、in、uen（un）、ün

送元二使安西

〔唐〕王维

渭城朝雨浥轻尘，客舍青青柳色新。

劝君更尽一杯酒，西出阳关无故人。

12. **江阳辙：韵母是 ang、iang、uang**

润州听暮角

〔唐〕李涉

江城吹角水茫茫，曲引边声怨思长。

惊起暮天沙上雁，海门斜去两三行。

13. **中东辙：韵母是 eng、ing、ueng、ong、iong**

晓出净慈寺送林子方

〔宋〕杨万里

毕竟西湖六月中，风光不与四时同。

接天莲叶无穷碧，映日荷花别样红。

（二）贯口训练

零食贯口

王晨

合：朋友们，零食专场开始啦！

甲：锁定今晚直播间，全网低价别跑偏！

乙：今晚的零食有——辣条、果冻、薯片、奶酪、果脯、曲奇、蛋糕，还有奥利奥，

丙：水果糖、棒棒糖、泡泡糖、口香糖、薄荷糖、牛奶糖，

丁：鸭脖、鸭翅、鸭锁骨、鸡爪、鸡翅、鸡脖子，

甲：蜜饯、话梅、豆干、魔芋、脆笋、榴梿、毛豆、花生、藕片，

乙：荷兰豆、海带结、铜锣烧、瑞士卷、蛋黄派、粟米条、甜甜圈、干脆面、妙脆角，

丙：牛肉干、葡萄干、杧果干、无花果干、杨梅干、榴梿干、草莓干、猕猴桃干，

丁：红枣片、香蕉片、土豆片、椰子片、烤鱼片、鳕鱼片、海带片、芝麻片，

甲：蒜香花生、碳烤腰果、海苔脆片、五香豆干，

乙：香辣黄花鱼、五香黄花鱼、辣味金枪鱼、油浸金枪鱼，

丙：蜜汁猪肉脯、麻辣猪肉脯、香辣牛板筋、香辣猪脆骨，

丁：雪碧、可乐、冰红茶，牛奶、橙汁和芬达，燕京、崂山和青岛，红牛、尖叫和大窑。

合：买它买它买它！尾款人，冲啊！

（可以单人练习，也可以 4 人搭档表演）

购物贯口

王晨　邵金铃

双十一，又来到，商家福利真不少。买的都是必需品，去掉一件心发紧。千挑万选不容易，听我跟你来梳理。

护肤品要入手，爽肤水、黄瓜水、柔肤水、神仙水、乳液、精华液、导入液、身体乳、面霜、美白霜、按摩霜、防晒霜。

彩妆需要阴影粉、高光粉、定妆粉、修容粉、遮瑕膏、润唇膏、睫毛膏、口红、唇彩、唇釉、腮红、眼影、眉笔、眼线笔、唇线笔、卧蚕笔、眼影刷、腮红刷、修容刷、高光刷，画得沉鱼落雁、闭月羞花。

大家别着急，听仔细。这才刚到预热期，正式活动更积极。姐妹们，美丽的衣服买起来！

背带裤、铅笔裤、吊带裤、高腰裤、喇叭裤、超短裤、牛仔裤、打底裤、加绒裤、紧身裤、小脚裤、小皮裤、安全裤、冰丝裤。

沙滩裙、连衣裙、雪纺裙、半身裙、百褶裙、旗袍裙、背带裙、A字裙、礼服裙、超短裙。

朋友们，小买怡情、大买伤身。量入为出、理性消费！

(三)新闻训练

二十大精神在基层——平罗农特产品搭上电商快车(节选)

“我们的胡麻油风味独特，煎炸食品油不变色。直播间家人们多多关注，我们也为大家送上粉丝福利，欢迎下单。”近日，在平罗县西粮粮油直播间，宁夏西粮粮油集团有限公司负责人丁浩楠正热情销售自家产的胡麻油。

“电商+直播+农特产品”开辟平罗县增收致富新路径。

通过不断努力，丁浩楠直播间的粉丝数量由原来的几百人增加到现在的上万人，产品亚麻籽也远销加拿大、俄罗斯等国家，公司销售收入达到上亿元。年轻的丁浩楠被平罗县电商协会聘为“农村电商筑梦导师”，为本土企业辅导直播电商部门的搭建和运营。

“党的二十大报告指出，‘发展乡村特色产业，拓宽农民增收致富渠道’。这对我是极大的鼓舞，我下定决心做好直播带货，将平罗的特产好物销售到更远的地方。”丁浩楠说。

地处平罗的昊帅粮油、伊源牧场、马氏兄弟等一大批企业都致力于发展直播带货，多渠道宣传推介企业优质特色产品。

“我的愿望就是带动更多的年轻人加入电商队伍，让蓬勃兴起的电商产业助农增收致富。”谈及未来，丁浩楠信心满满。

近年来，平罗县聚焦“六新六特六优”产业人才需求，紧扣电商发展新趋势，不断挖掘、培养电商领域优秀人才；同时，贴近电商企业运营实际需求，围绕产品、账号、服务三大核心因素定期举办交流分享会，充分发挥筑梦导师的“传帮带”作用，不断壮大县域电商行业人才队伍。

“我们将全力配合企业引进、培育适应市场需要的电商人才，同时加强电商村级服务站、农产品市场营销等人才培养力度，持续为高质量发展提供人才支持和智力保障。”平罗县委人才办负责人表示。

（选自《宁夏日报》，记者何耐江）

第十二章 嗓音保护

教学目的：学生了解保护嗓音的方法。

教学要求：学生养成良好的嗓音保护习惯。

重点难点：嗓音保护方法。

课时安排：大课 1 课时。

嗓音保护方法

一是坚持锻炼身体，用正确的方法坚持练声，循序渐进。

二是练声时，声音从小到大、从近到远、从弱到强、从低到高，避免大喊大叫、损伤声带。

三是注意劳逸结合，电商主播工作时间通常较长、较晚，要有足够的睡眠。

四是生病时，暂时噤声，这时声带黏膜增厚，易产生病变，不要长时间带病工作而因小失大。

五是尽量少吃刺激性食物，吸烟、饮酒过量容易引起咽干舌燥，过多食用油炸食品也容易造成咽炎。

六是每天坚持用淡盐水漱口，可消除炎症，保护嗓子。

电商主播要经常检查嗓子，有病及时治疗。

参考书目

1. 吴弘毅. 实用播音教程　第一册[M]. 北京：北京广播学院出版社，2002.

2. 徐恒. 播音发声学[M]. 北京：北京广播学院出版社，1985.

3. 王璐，吴洁茹. 语音发声　第 4 版[M]. 北京：中国传媒大学出版社，2019.

第三编
电商主播表达技巧训练

电商主播不论是录制引流视频还是直播带货,都需要运用语言表达技巧。一味"炸街式"的高喊,或者快到停不下来的推介,都难以长时间吸引用户。语言表达的多种内外部技巧,比如文本准备方法、情景再现、内在语、对象感、停连、重音、语气、节奏,给电商主播提供了丰富的表达手段,使主播的语言表达更富有表现力、吸引力、感染力。本编将选取相关训练素材,结合理论阐述,展开语言表达技巧训练。

第十三章　电商主播对文本的准备

教学目的：学生理解进行文本准备的必要性，能够熟练地运用具体方法录制引流视频，或者做直播带货前的准备。

教学要求：学生明确进行文本准备的必要性，并掌握具体方法。

重点难点：文本的准备方法。

课时安排：大课 1 课时，小课 8 课时。

第一节　理论概述

一、文本准备的必要性

（一）电商主播对带货商品的厂家、用户负有责任

电商主播在直播时的语言表达，关系到直播带货的效果，同时要遵守直播间的各项规定，这就意味着主播必须在熟悉文本的基础上准确地完成文本规定的内容，热情真诚地表达情感。直播带货是电商主播对文本更高层次的表达，如果对文本没有细致的了解和把握，就难以顺利地、高质量地完成直播。

（二）从文本到语言表达的转换需要一个准备的过程

短视频的文本往往是根据主播的人设、风格或者带货商品的特性来创作的。主播在录制前，只有对文本进行充分的准备，仔细体会揣摩文本的内涵、风格，才能有视频中的精彩呈现。

电商主播的有声语言表达并不是文字和语音的简单对应，而是对带货商品生动、直观、真切的反映。主播要将文本转化为具有感染力和号召力的有声语言，必须深入了解文本，并

透过文本，把握带货的全部流程、节奏，把握带货商品的调性，把握交流语气和直播风格。

（三）商品形式多样，新品频出，主播未必熟悉本次直播带货的商品

电商主播不可能对所有商品，如某类商品的新品、新的优惠和新的福利都熟知，因此必须在准备上狠下功夫，以便在直播中有上佳表现。另外，不同的商品，要求主播在带货时的语言表达方式也要有针对性。

在这一环节上的错误做法是拿到文本，不做准备或者比较粗略地看一看文本就直接开播或者录制。

二、播前准备的要求

（一）准确、迅速

电商主播的工作量是很大的，其工作性质和业务范畴决定了主播必须高质量和高效率地完成工作。具体到录制前或者直播前的准备这个环节，从效率上说，要求迅速、熟练；从质量上说，要求对文本的理解和把握准确，尤其是其中的一些数字、名词、产地、福利、价格等，不能出现错误。

（二）全面、细致

所谓全面，是指对整个流程环节要心中有数；所谓细致，是指对文本有清晰的理解与感受，对重点内容要掌握得非常准确。

三、播前准备的方法

（一）划分文本层次　捋清直播流程

拿到文本，要划分文本层次。层次是对自然段的进一步整理，是对自然段的归并和划分。归并，是把内在联系比较紧密的段落归为一个层次；划分，是把一段话分为几个小层次，非常简短的可以不再划分，较长的自然段可以划分。划分层次的目的是使句子“归堆儿”“抱团儿”。概括层次大意要简单明了，抓住主要内容点到即可，切忌啰唆繁杂。经过划分，文本的脉络就更加清晰了，有助于主播清晰地、有条理地表达。

一场直播通常有开场、抽奖、带货、答疑、催单、再抽奖、再带货等一系列环节，主播在准备过程中，应捋清楚全部环节。

（二）清除文字障碍

许多人认为电商主播不是专业的播音员、主持人，读错字也无所谓。这种想法是错误的。一是读错字可能会对品牌造成不良影响，引起品牌方的不满；二是可能因为文字歧义影

响销售;三是关于商品的成分介绍、产地介绍,如果说错,会贻笑大方,让受众感觉主播对商品不是那么了解,影响主播形象。

(三)对文本资料、商品相关资料做充分准备

直播带货时,品牌方可能会要求主播讲述与商品相关的故事,比如品牌故事、制作者在制作过程中的故事、用户在使用过程中的故事、商品的历史、商品的独特用料、商品的特殊性能、商品的价格对比等,因此在准备的过程中,主播要熟悉这些内容。

(四)明确表达目的

不同的引流视频讲述不同的故事,有不同的表达目的,主播需要细心揣摩。不用说不同主播推介不同的商品,即便是同一主播在不同的直播环境、不同的时期推介同一商品,也会有表达目的上的细微差别。主播明确表达目的,可以使表达方式和态度分寸更细致、更准确,还可以增强交流感。

(五)确定视频基调或直播风格

对于视频文本的表达,主播需要在准备过程中确定基调。基调,是指文本总的感情色彩和分量、表达时总的态度倾向。它体现的是主播对文本的认识、感受的整体结果。基调的概括要贴切,态度要鲜明。基调不同,感情色彩和声音色彩也就不同。

直播时,主播需要根据不同主题、不同目的,商品的不同属性、不同消费群体,有不同的语言表达风格。总体来说,主播要根据文本确定语言表达风格,并充分发挥自身的语言表达能力,以取得良好的直播效果。

第二节　实训内容

推介《万万没想到:321 个冷知识》

在短视频和游戏牢牢吸引住孩子目光的今天,怎么让孩子爱上看书呢?试试给孩子一本好玩又有趣的书吧。这本《万万没想到:321 个冷知识》值得你带回家开开心心看起来!//上到天文下到地理,从动物到植物,从丰富的历史知识到有趣的发明,会让宝贝们连连追问:“哇,长颈鹿可以用舌头掏耳朵吗?”“什么?什么?家猪比博尔特跑得还要快?”//书中有 300 多幅超有趣的插画。想想看,有趣的内容,有趣的插画,双重美好体验,一定会让宝贝们拿起书来就不想放下。//比利时著名童书作家玛蒂尔达·玛斯特是本书的作者,她观察事物往往角度独特,而且文字诙谐幽默。//马上放寒假了,各位家长赶快入手,等待孩子们坐在那里一边读一边“哇”声一片吧!

训练提示 全文共分为五个层次。第一层:提出问题,推介这本书,引起家长的兴趣;第二层:介绍本书的主要内容;第三层:介绍本书的插画;第四层:介绍本书的作者;第五层:希望大家赶紧入手。本文先提出令广大家长头疼的问题,然后给出具体推荐的书,进而展开介绍,使家长对这本书产生购买兴趣。基调是真诚、热情的。

开衫这样穿　颜值提升十倍

具体内容请在抖音平台账号“王小骞”当中搜索。

训练提示 王小骞是央视原著名节目主持人,目前转战自媒体,成绩斐然。针织开衫是众多女性朋友的衣橱必备品,这个视频的目的是教大家怎么把一件普普通通的开衫穿出不一样的风采。视频讲了四种方法,分别是系蝴蝶扣、大 X 系扣法、系三粒扣当作披肩、拿大顶式穿法。练习时可以按照不同方法梳理好层次,确定热情、明朗的基调,用积极明亮的暖声完成表达。

想当男神　先学会如何穿裤子　第 10 集

具体内容请在抖音平台账号“铁血缝纫机——龙牙男装”当中搜索。

训练提示 这个视频给大家介绍了一款优质的男裤。梳理文本内容的关键在于分析清楚这一视频分别从哪些方面介绍了这款男裤。走线、裤袢和兜袋口采用的工艺,业内罕见的 23 个尺码,黑、蓝、灰经典百搭色,内里薄绒,面料有弹力,龙牙独创的设计,以上就是主播介绍这款男裤的顺序。可见划分层次能够使主播在表达的时候条理清晰、理性客观。

12 只平价包

具体内容请在抖音平台账号“豆豆本豆”当中搜索。

训练提示 主播一款接一款地向受众推介了 12 只女包。视频本身的层次是非常鲜明的,不难把握。其目的也很明确:希望把这些漂亮的包包介绍给受众,让受众在屏幕前享受购物的乐趣,同时也希望吸引更多人的关注。由于这段内容较长,练习时应一直保持热情、亲切的基调。

第十四章　情景再现

教学目的：学生理解情景再现的内涵，能够以文本内容为依据展开想象和联想，加强感受力，提高表现力。

教学要求：学生在实践训练中掌握情景再现。

重点难点：情景再现的展开过程。

课时安排：大课1课时，小课8课时。

第一节　理论概述

一、情景再现的内涵

有些主播在录制引流视频的时候，甚至在直播带货的时候，难以调动自己的内心情绪，说话像是在呆板地背书。如果主播难以打动和感染自己，就更难打动和感染受众。

情景再现是指主播以文本提供的材料为基础，使文本中的人物、事件、情节、场面、景物等在脑海里不断浮现，形成连续活动的画面，并不断引发相应的态度、感情。情景再现这一概念脱胎于播音学，同样适用于电商主播的语言表达。它可以帮助主播在语言表达中调动思想感情，使之处于运动状态。

二、情景再现的过程

（一）理清头绪

画面在头脑中展开的时候，如果是写景，我们要理清哪是远景、哪是近景、哪是特写；如果是叙事，我们要理清开始、发展、高潮、结尾。那些历历在目的画面，最能调动情感。主播只有带着情感去表达，才有可能打动和感染受众。

(二)设身处地

主播要把文本叙述的一切视为亲眼所见、亲耳所闻、亲身经历,进入具体的事件、场面中,不能与“我”无关。

(三)触景生情

当文本描述的画面在脑海里浮现时,主播一定要作出积极的反应。文本寄情于景,主播就要触景生情。触景生情是情景再现的核心。语言表达特别强调积极的情感反应,具体的“景”的刺激,应当马上引起主播具体的“情”的反应。

(四)现身说法

现身说法是电商主播运用情景再现这一内部技巧完成表达任务的过程。

第二节 实训内容

情景再现一定要产生于具体感受中,感受是把文字变为自己要说的话的关键环节。感受把文字转化为内心的实有事物,促使表达者的内心主动接受、消化文字的多层次刺激。感受是由理解到表达的桥梁,漠视感受往往使情景再现过程有景无情,或使表达无动于衷,饱满的感情无从谈起。这样怎么能令主播的表达充满生命力呢?所以,加强感受的训练有助于主播更好地掌握情景再现这一内部技巧。

1. 最近因为疫情,很多小伙伴是不是开启了居家模式呢?所以“家”也就自然而然地成了我们学习、办公的场所,最重要的是让我们和“生活”来了一次长时间的亲密接触。你最喜欢的居家办公的生活是什么样子呢?是不是要有各种收纳好物?要有增添幸福感的小零食?还要有可爱又萌萌的办公用品?没错!这些都是居家生活、办公不可或缺的“小确幸”。正是这样特殊的时刻,让我们有机会放慢脚步,去感受家的温馨,品味安静的时光,让工作充满了暖暖的幸福感。接下来就是一期居家生活、办公的好物分享。看完这期视频,我相信你的居家幸福感一定爆棚!

(石梦阳)

2. 东方甄选主播董宇辉在直播间里讲到他特别喜欢《平凡的世界》,这套书他从初三的时候开始看,前前后后一共看过六遍,一直看到大一,是对他性格形成影响最大的一套书。直到现在,《平凡的世界》在全国大学生的借阅榜上仍然排第一名,而且以特别大的优势远远甩开第二名。不仅是董宇辉,很多人在青年时代都把《平凡的世界》一读再读,并以此激励自己。平凡的我们,也应该去读一读这套书,去发现平凡中的不平凡。

3. 女生最喜欢的时尚单品是什么？相信大部分女生都会脱口而出："包包。"那今天我们就给大家带来一期适合学生党的平价包包分享。价格从几十块到几百块不等，大家可以选择适合自己的那一款。

第一只包是我的近期最爱，×××家的手提斜挎包。PVC 的材质、浅咖与深咖的配色、小巧的包身，可拎可斜背，我进店的第一眼就相中了它。因为它很百搭，我近期的拍摄都有这只包包的出镜。不论你是穿 T 恤、卫衣还是正装，都可以轻松驾驭。它的价格是两百元多一点，我们女生出门时要带的充电宝、口红、粉饼，它的空间完全可以容纳。它真是既好看又实用。

第二只是这个链条迷你挎包，它的做工非常精致。我说出价格大家会非常震惊，它只要九块九。我收到货的时候简直不敢相信这个价格能有这样的质感。穿一个慵懒风的衬衣或者小西装搭配它，完全 OK。不过它的实用性稍微差了一点，空间很小。但是价格摆在这里，还要什么自行车？

第三只就是这只小熊包包，是不是很可爱呢？它能搭配的衣服可不仅仅是那些可爱的款式，搭配一件豹纹小上衣，也是完全可以的。

（马紫晨）

4. 中国人对于红色有独特的情感。在咱们大济南的"网红"经三路上，就有很多红色元素。巨大的红色心形模型夹在胡同中，经过的市民纷纷拍照留念，不少橱窗和玻璃门上张贴了红色和粉色的爱心图案，让人心里真的"有点甜"。今年的 2 月 14 日，在济南经三路张采丞故居的四面外墙上，人们沿着花藤的枝条装点了上万朵玫瑰绢花。一大片玫瑰花瀑布倾泻而下，使整座老建筑置身于红色花海中，人们自发排起长队打卡拍照。

每年春节的时候，满眼都是红色的鞭炮、春联、灯笼、衣服、红包，一片喜庆。打开电视，连平日里正襟危坐的《新闻联播》主持人也换上了红色的衣服。中国红代表着吉祥、喜庆、幸福和快乐，每当看到中国红就会想到我们屹立于东方的巍巍华夏。

5. 牛仔裤是美女们钟爱的百搭服装，可以搭配一年四季的衣服。无论是夏天的 T 恤，春秋的毛衫、卫衣，还是冬季的大衣、羽绒服，只要搭配一条合体、时尚的牛仔裤，都会让人瞬间变得神采飞扬。也许，这就是牛仔裤的魅力吧！它是那么随意，可它在营造时尚的时候，又是那么毫不费力。

每个人的身材不一样，牛仔裤要怎么穿才好看呢？先来说说梨形身材。梨形身材的特征是肩窄、腰细，但是胯宽，大腿有些丰满，脂肪主要沉积在臀部和大腿，这样看上去就有点状似梨形。因为脂肪囤积在下半身，那梨形身材的美眉们就要放大本身的优势，可以穿直筒形的牛仔裤、阔腿形的牛仔裤，这两种牛仔裤能够最大化地把肉肉藏起来。

6. 有一种温度，叫作忘穿秋裤；有一种冷，叫作你妈觉得你冷。入冬了，天气越来越冷，很多人还是迟迟不穿秋裤，每天穿着单薄的休闲裤或者牛仔裤就出门了。一天下来，膝盖冻得冰凉，第二天又酸又疼，还得顽强地说"我不冷"。咱们的膝关节是负重最大的关节之一，这要是以后出了问题麻烦可就大了。

所以，当降温的天气预报响起来的时候，爱美的小姐姐们、耍帅的小哥哥们，暖暖的秋裤该安排上了。现在，厂家为了让你们穿上秋裤也是操碎了心，设计的秋衣秋裤的样式越来越时尚，大家再也不用纠结该买秋裤还是感冒药了。

给大家推荐×××家的纯棉套装薄款圆领秋衣秋裤，推荐理由：标准码，很合身，做工精细，亲肤柔软。重点是厚薄合适，不臃肿，透气效果也很不错，穿在身上一点也不闷。划重点——不臃肿、不臃肿、不臃肿。

7. 俗话说手是人的“第二张脸”，冬天到了，姐妹们一定要保护好这第二张脸。要不然，数九寒天冷飕飕，男朋友的大手握住你的纤纤玉手的时候，你说“你的手好大好暖啊”，而他却想说“你的手好干好糙啊”，这可就很尴尬了。

现代女性不是古代的大小姐，十指不沾阳春水。我们每天需要用双手做的事那可是太多了，敲敲打打，洗洗涮涮，就差缝缝补补了。作为一名精致的“猪猪女孩”，大家必须给双手做做护理，敷敷手膜！等到浪漫时刻到来的时候，当你的双手被他握住，他就再也不想放开。

给大家推荐一款滋润度很高的手膜，来自×××护肤品牌的×××手膜。用过之后，双手嫩嫩的，手背摸着软软的、滑滑的，你都想叫自己“宝宝”。买给自己用的同时，也不要忘了妈妈，她老人家做的家务更多哦。这款手膜对于经常做家务、手经常泡在水里或是接触洗衣粉、洗洁精的美女们，特别友好。让双手也变得年轻起来，一双光滑细腻的手谁不喜欢呢？

8. 相信提到积木，大家第一时间想到的可能是一些国外品牌，比如乐高。但其实说起积木，咱们中国人才是玩积木的“老祖宗”。今天给大家带来的是启蒙旗下的 keeppley。

我手里的这一款就是太空创想 keeppley 国玩系列。太空创想品牌是中国航天科技国际交流中心的注册文创品牌，是航天文化创意的主力军。2020 年 5 月 5 日，长征五号 B 运载火箭首次飞行任务取得圆满成功，从我国第一颗人造地球卫星问鼎苍穹以来，一枚枚长征火箭飞向太空，我国航天事业发展不断取得一次次新突破。这是长征五号 B 运载火箭的首次飞行任务，也是长征系列运载火箭的第 331 次飞行，正式拉开我国载人航天工程“第三步”任务的序幕。为了纪念航天领域的这一重要突破，太空创想联合 keeppley 共同推出国玩系列积木。

（郭韩毓）

9. 元旦已过，新年将至，但是疫情还是有点让人担心，估计今年春节很多人还是老老实实窝在家里锻炼各种厨艺、各种唱功。今天给大家推荐一个有趣的好东西：“全民 K 歌”的时光欢唱机，来上一台你就可以在家唱 KTV 了。有了它，你就是今年家庭春晚的主力大咖了。

唱歌，是一种释放自我，甚至是放飞自我的好方式。麦克风一拿，顿时感觉自己就是舞台上光芒万丈的“爱豆本豆”。不用怕五音不全，不用怕超时加钱，有没有观众鼓掌，都可以自我欣赏。它的用法不复杂，接上电视就能用，也可以接到投影仪、显示器上用。它配了 2

支无线麦克风,可以男女对唱。“想唱就唱,要唱得响亮”,怎么样?下单来一台吧!你的地盘你做主。

10. 这里有不输瑞士的冰雪小镇、红白交织的群山美景;这里没有人潮,没有颠簸,不同于城市的灯红酒绿,是隐居山林的不二之选;这里是阅木山居,一个可以读懂人生的野奢民宿。

峭壁之上,下沉式别墅,三面向高山,一面向山林。蓝天白云、朝阳晚霞、明月星辰、山林云海,不出房门,野奢秘境直送你的眼前。

隐匿于青山之上,漂浮于山野之间,让你有100种亲近大自然的方式,放飞对浪漫的所有想象。纯实木打造的榫卯结构在悬崖之上显得更加朴实和宁静,星级民宿配套设施、独立的私密空间,让你此刻只想融进这大自然里。

层层递进的下沉庭院、高低错落的平台设计,晨观白云与碧山,夜享月明与星稀。全景落地窗、独立泡池、两室两卧、复式阁楼,自然之美融入每个空间。

躺看山林美景,静享私密时光,这是木屋与山林之间独有的交流。阅木山居以沟通为理念,输出“深度陪伴”的概念,引发人们对人生的思考和感悟。在这里,珍贵的是与亲朋相聚的机会,珍贵的是与自然和谐相处的沉浸式体验。

(微信公众号:九如山浪漫野奢度假《这家峭壁上的民宿藏不住了,坐拥星空云海,一秒沦陷!》节选)

第十五章 内在语

教学目的:学生理解内在语的概念、作用,掌握内在语的基本类型。
教学要求:学生在实践中熟练掌握内在语的基本类型。
重点难点:内在语的基本类型。
课时安排:大课 1 课时,小课 8 课时。

第一节 理论概述

一、内在语的概念

内在语是指那些在文本中不便表露、不能表露或者没有完全表露出来的语句关系和语句本质。在很多时候,主播会讲述看过的书、听过的故事、刚发生的新闻等,怎样才能让这些内容听上去像是从自己心中流淌出来的呢?把文本中那些没有直接表露出来的深意挖掘出来,细心体会并融入表达中,能帮助主播把这些文本变成自己想说的话,富有情感地去表达。

二、内在语的作用

内在语的作用有两大方面:揭示语句本质和揭示语言链条。

(一)揭示语句本质

语句本质是结合语言环境和上下文来确定的语句的深层的内在含义。在语言表达中,主播应结合具体语言环境和上下文来准确把握语句深层的内在含义。

(二)揭示语言链条

语言链条是指语句间的逻辑关系。揭示语言链条就是搞清句与句、段与段、层次与层次如何衔接成一个有机整体。

三、内在语的基本类型

根据内在语的性质和作用的不同，我们把它分为六种基本类型。

（一）发语性内在语

发语性内在语，就是在文本开始、层次、段落、语句之前加上适当的词语作为开头，在我们内心说出来，并与文本原来开头的词语自然地衔接，将其带发出来。

例句：

（1）（朋友们，好消息）东方甄选的主播们要到黑龙江开专场直播啦！

（2）（朋友们，请注意）作家×××的这本新书，全国首发，今晚八点来我直播间下单吧。

（二）寓意性内在语

寓意性内在语是文字的“弦外之音”，是隐藏在语句深层的内在含义，是结合上下文语言环境挖掘出来的语句本质和语句目的。

例句：

（1）想要无可取代，就必须时刻与众不同。（独特，很重要）

（2）吃过这款凤梨酥，其他的都是将就。（这款凤梨酥特别好吃）

（三）关联性内在语

关联性内在语是指那些没有用文字表示出来的语句关系，具体地说，就是那些体现语句逻辑关系和语法意义的隐含性关联词和短语。

例句：

（1）在更迭纷繁的快节奏时尚浪潮中，选择高品质、更耐穿的服饰，（不仅）是对自己的宠爱，（更是）对地球的呵护。

（2）如果凉拖让你觉得穿起来过于邋遢，那就来一双休闲的平底凉鞋吧！（不仅）舒适，（而且）时髦感很强，你还有什么理由拒绝呢？

（四）提示性内在语

提示性内在语用于语句、段落、层次之间，也是为了解决上下语气衔接的问题，但与关联性内在语有所不同。它不以关联词的形式出现，而且内容上也更丰富。关联性内在语使语句逻辑关系更加严密，提示性内在语使表达语气富于灵动的活力。主播可以通过设问呼应、提醒关注、表现情态、展示过程、感叹强调等提示性内在语使语气的表达更加丰富多彩。

1. 设问呼应

例句：

(1)每年中秋这个品牌都会引发一阵“抢购潮”，有多好吃呢？(那美好的滋味啊)吃一口你就停不下来！

(2)我有多喜欢吃××的钙奶饼干呢？(喜欢到)365 天家中必备。

2. 提醒关注

例句：

(1)(宝宝们注意啦)明天最大幅度的一次降温就要来喽！

(2)明晚八点十五分，×××面霜来喽！是你想不到的福利价哦。(快点关注我吧)

3. 表现情态

例句：

(1)正在刷着抖音喝着可乐的我，突然闻到一股煳味儿，(我一闻，坏了)我的八宝粥啊！

(2)前一晚追剧到半夜，第二天起来洗脸，我直接不想看镜子。(皮肤粗糙，脸色蜡黄，黑眼圈加重)

4. 展示过程

例句：

(1)雨后，一辆车飞快地从我身边驶过，(水花四溅)啊，我的小白鞋！

(2)我随手翻开几本他留下的书(浏览)，处处都是圈圈点点。

5. 感叹强调

例句：

(1)今天在我的直播间下单，最终的到手价只要 99 元，99 元。(太便宜啦)

(2)开工第一天，快来吃肉肉！鲁味斋开工福利来喽，精肉大烤肠原价 39 块 8 一斤，开工惊爆价 25 块 8 一斤啦！(太实惠啦)

(五)回味性内在语

回味性内在语是在文字段落、层次和全文结尾处设置相应词语，提示主播的语气或回味、或思考、或想象、或憧憬，给人以语已尽、情尚存的感觉。

例句：

(1)让人觉得你还是那个你，但整个人变得又美又精致，这就是我一直在做的事情……(改变，从来不晚)

(2)××时装季是全球时尚行业精英的向往，全球化为世界各地的时尚精英提供了交流展示的平台，品牌、秀场、买手、媒体、博主、供应链，时尚魔盘运转的核心，每一季都从这里开始！(你不想来时装季看看吗?)

(六)反语性内在语

反语性内在语直接体现了表层意义与深层含义的对立关系。

例句:

(1)我再也不想去这家店吃饭了,太耽误事啦,耽误了我的减肥大计。(这家店太好吃了)

(2)你不要再卖萌、不要再装可爱,我一点儿也不喜欢你,我只担心如果我不把你带回家,你会被黑心的家伙抓住送去狗肉店。(你太可爱了,我要把你带回家)

第二节　实训内容

果肉肥到爆的奉节脐橙

吃一口就停不下来,就忍不住想囤货,就忍不住买给亲朋好友。它是谁?它就是可以“喝”着吃的奉节脐橙。

老天的安排很有意思,重庆火锅那么热辣,何以解辣解腻?咱们有香浓中带着一点微酸的奉节脐橙啊!

它晶莹的果粒饱含着喷薄欲出的汁水,简直就是满肚子甜水。但它怕你“嫌弃”它味道单一,它还在甜中为你加了一分酸,这“该死”的酸甜比例,甚得我心呢!

嘴巴苦、没胃口的时候,对半切开一个,拿起勺子挖着吃,哇,美滋滋!

下单的时候别犹豫,多囤点,想想打开冰箱门,迎面整整齐齐站着这么一排排小可爱,你的心情会瞬间好起来,哈哈,想唱歌呢有没有?“你是我的小呀小脐橙……”

训练提示 主播在“吃一口就停不下来”前面可以设计发语性内在语,调动与受众互动的热情;在每段的段尾,可以设计回味性内在语,让受众体会到奉节脐橙的美好滋味。文中反语性内在语的设计,能更幽默活泼地表现出奉节脐橙的特点。

民族脊梁玄奘法师

具体内容请在抖音平台账号“长安小调”当中搜索。

训练提示 这是抖音号“长安小调”创作的一条关于玄奘法师的视频。玄奘10岁随兄长到洛阳净土寺听佛经,13岁正式剃度出家,25岁遇到天竺禅师波颇,27岁踏上西行之路。这西行之路一去一回就是19年,再加上回国后直至圆寂的19年,创作者用简短却有力的语言介绍了玄奘的一生。练习时要细细理解体会文字中蕴含的多处感叹强调的提示性内在语。

请把“泡菜”放对席面，请把“自己”放对位置

具体内容请在抖音平台账号“我是朱霞”当中搜索。

训练提示 抖音号“我是朱霞”的创作者是辽宁广播电视台的主持人朱霞，她的视频内容多为新闻评论。作为一名优秀的主持人，朱霞在自媒体短视频作品中也充分体现了语言表达方面的专业性。在这篇文稿中，一些句子蕴含的寓意性内在语是需要大家格外注意的。比如：“就好像这大门大户里面丢个银顶针啥也不是，那放在他们家里边就是天大的事。”“咋说呢？上不了席面，最多算个围碟，上正菜的时候，它必须得撤下去。”“海参、鲍鱼俺们全有，就不放泡菜，没地方。”“无礼而侮大邻者，可亡也。”“毕竟你们第一部宪法，也是用我们汉字写的呀。”

有的句子还蕴含了反语性内在语，比如：“我们做自己兄弟姐妹家的家常菜怎么还得经过你们的同意呢？”“我们那么多菜系差你一个泡菜吗？”这篇短小的评论掷地有声、犀利幽默，练习时注意内在语的设计处理，以便更好地表现语句本质和语言的逻辑链条。

第十六章　对象感

教学目的：学生掌握对象感的概念、作用、获得方法，在直播、录制视频时，能够与用户"交流"起来。

教学要求：学生在实践中对如何设想、获得对象感有较为熟练的掌握。

重点难点：如何获得对象感。

课时安排：大课1课时，小课8课时。

第一节　理论概述

一、对象感的概念

电商主播必须和用户交流，不能对空发言，更不能自我欣赏，用户就是主播的交流对象。电商主播在直播、录制视频的时候看不到用户，但事实上却有千千万万的用户在屏幕（手机、平板电脑等）那端观看。主播必须消除与用户"交流"的障碍。为了解决这一问题，我们引入了播音学中的"对象感"这一概念。

"没有对象，这些话就不可能说得使自己和听的人都相信有说出的实际必要。"虽然播音员"目中无人"，但要努力做到"心中有人"，这就是对象感产生的依据。再者，《现代汉语词典》（第7版）对"对象"的解释是：行动或思考时作为目标的人或事物。主播所有的行动或思考都是为了"作为目标的人"，因此，主播心里应该有用户，想着用户，不要忘记用户。

综上，电商主播的对象感就是必须设想、感觉到用户的存在和用户的反应，从感觉上意识到用户的心理、要求、愿望、情绪等，并由此调动自己的情绪，使自己和用户产生更好的交流。

二、对象感的获得

对象感能够激发主播的表达愿望，使其在直播、录制视频时感情一直处于积极的运动状态,从中流露出与用户相呼应的态度、语气、眼神、姿态。主播对象感越强,传播效果越好。

(一)具体对象的设想

具体对象的设想,必须从量和质两个方面入手。所谓量的方面,是指性别、年龄、职业、人数等有关对象的一般情况;所谓质的方面,是指环境、气氛、心理、素养等有关对象的个性特点。其中,质的方面是最根本的。

(二)如何获得对象感

获得对象感通常有两种方式:(1)对用户进行设想,既要依据商品的主要用户群体进行设想,还要时时处处感受到具体用户的存在和反应,并与之进行交流。(2)努力熟悉用户,了解用户的具体需要。

第二节 实训内容

五谷磨房黑之养核桃芝麻黑豆粉

熬夜到凌晨的时候、工作压力大到想抓自己头发的时候、怕胖又想给自己一杯有营养的饮品的时候,它来了它来了,它带着多重营养走来了!它就是五谷磨房的黑之养核桃芝麻黑豆粉。它是很多宝宝的必备款哦,不仅饱腹感强而且很有营养,喝上一杯就补充了黑芝麻、黑大豆、黑藜麦、黑米、奇亚籽等多重营养。对了对了,它不含有任何的香精、色素、甜味剂和抗结剂。怕胖的宝宝们,这里面没有添加白糖哦!本品一餐的热量仅仅约等于一个苹果的热量。

不仅是"熬夜党",爱美的职场人士、"学生党"、家中的长辈,都可以喝。马上来一杯,哇!味道特别香,还有暖暖的幸福感。还等什么?赶快下单带回家吧,和全家人一起喝起来!

训练提示 现代人非常注重饮食健康和养生,不论是"熬夜党"、爱美的职场人士、"学生党",还是老年人,都希望吃出健康,吃出好身材。这篇文稿的交流对象可以设想为希望吃出健康、吃出好身材的一位熟悉的朋友。表达时,要充满热情,有亲切感。

"儿童反霸凌启蒙绘本"丛书

电影《少年的你》热映,再一次将"校园霸凌"这一话题带入了公众视野。霸凌是一个沉重的话题,霸凌的危害是长远的、致命的,它带来的心理创伤有可能伴随人的一生。

对于反霸凌的教育,我们的课堂以及家庭教育中是缺乏的,乃至被霸凌者面对欺辱却不知所措,不敢告诉家人,也不敢告诉教师,只会默默地忍受,久而久之在心里留下了巨大的阴影。

为什么很多孩子长大后变得内向、胆小、懦弱,在很大程度上就是因为父母没有在孩子小的时候帮助他们建立自我保护和反抗霸凌的意识。我们今天给大家推荐这套“儿童反霸凌启蒙绘本”丛书,它是彩绘版本,全套共 8 册。

孩子面对嘲笑的时候,怎样才能从容应对?怎样才能不自卑?《我不喜欢被嘲笑》会给出答案。新闻当中屡次出现儿童被猥亵的事件,要让孩子早早看看这本《我不喜欢被乱摸》,让孩子知道身体被乱摸是危险的行为,必须机智地拒绝。《我不喜欢东西被抢夺》告诉孩子当自己的东西被抢夺时,要学会自我保护和表达真实的意愿,让孩子明白自己不是弱者。孩子都希望自己受人欢迎,但是当自己不受欢迎、被排挤时该怎么办?《我不喜欢被排挤》教会孩子如何和小伙伴和谐相处。《我不喜欢被造谣》教会孩子如何破除谣言,不做那个委委屈屈一个人流眼泪的人。小小的绰号往往带来大大的伤害,《我不喜欢被起绰号》教会孩子如何拒绝侮辱性的绰号。在校园中,推搡是非常容易带来人身伤害的行为,《我不喜欢被推搡》教会孩子如何避免被其他孩子推搡、欺负。《我不喜欢被使唤》教会孩子说“不”,拒绝被不礼貌地呼来喝去。

授人以鱼不如授人以渔,教育的根本目的是让孩子学会解决问题的办法,这套书就是要教会孩子识别霸凌并且反对霸凌。只有当他们知道什么是校园霸凌以及如何解决时,才能真正做到反霸凌。

训练提示 本文为用户推荐一套“儿童反霸凌启蒙绘本”丛书,从开门见山地提出校园霸凌这个问题,到具体介绍每一册绘本的主要内容和作用,再到最后一段用结束语呼应开头,整个表达完整、流畅。练习时要找准交流对象,那就是急需解决这类问题的家长。练习时可以设想两三位具体交流对象,语气中流露出真诚与关切,让用户对校园霸凌问题重视起来,对这套绘本产生进一步了解的愿望。

济南这家西餐厅,N 款高级感十足的美食撩翻你!(节选)

在这个寒风凌厉的冬日,唯有美食能治愈人心,希望每一个打工人都能在这个冰冰凉的季节,吃到热乎乎的美食。说到这里,作为“无肉不欢,无肉不爽”的食肉一族,我要跟你说说这家藏在泉城路 Q77 美食广场好吃不贵的西餐厅——REGSENE,悦客森时尚创意西餐厅。

这是一家标准的下沉餐厅,从店外看起来面积不大,大门口有一只巨大的橙色暴力熊,透过橱窗看到的是粉色的变形金刚和一只瘫在沙发上的小熊。看到这么多可爱潮酷的大摆件,身为弄潮儿的我当然是要拿出手机疯狂自拍啦!

大厅的装修风格让人耳目一新,整体色调是高级感十足的莫兰迪蓝,偶尔夹杂着俏皮鲜艳的橘红色,给人一种时尚的感觉,让人举手投足都立马优雅起来。

刚进门就是一个超有感觉的调酒台,上面摆满了各式各样的洋酒。老板介绍,这里除了平时调酒需要的酒，还有自己收藏的宝贝，最牛的一瓶已经收藏二十年啦，大家快来找找是哪一瓶吧！

聊天儿的工夫，年轻帅气的老板已经给我们调好了一杯Martini。如此神秘感十足的餐厅，到底藏着什么美食呢？让我们来一探究竟吧！

首先推荐这款“经典牛肉汉堡”。我要为这个牛肉汉堡疯狂打call！汉堡被对切了，上面还贴心地插上了竹签，拿起来很方便。肉饼很嫩，都是手打牛肉，能吃出牛肉碎的感觉。厚厚的肉饼，一口咬下去令人特别满足。

黄油煎出来的面包饼香醇浓厚，口感酥酥的，里面加了芝士片、生菜和西红柿，还有酸黄瓜！吃了之后瞬间胃口大开。这个汉堡套餐搭配了外酥里嫩的薯条，也特别好吃，我忍不住又单点了一份！

再来看这款“香草藜麦羊排”。这个羊排的摆盘特别精致，有整整两大块，而且烤得恰到好处，正好流油，肉是肥瘦相间的，鲜美多汁，羊膻味不大，属于可接受范围之内。

来到这儿，“法式香煎鹅肝”一定要尝一尝。鹅肝特别嫩，一刀切下去，里面的油“滋滋”往外冒。配上特制的蓝莓酱，鹅肝的焦香夹杂着蓝莓酱的果香，余味无穷。鹅肝搭配烤面包和海棠果也很好吃，但是一定要趁热吃，不然破坏了口感可不好了哟！

这里的“肉食专家比萨”是肉食者必点的一道菜。平均每一口都能吃到一整片肉，搭配着五颜六色的彩椒和薄脆的饼皮，加上灵魂芝士，一口下去，鲜香脆爽。可以说，肉食者的味蕾得到了满足。

喜欢甜食的你还可以试试“巧克力松饼”。松饼口感松软，外酥里嫩，上面搭配了奶油和巧克力冰激凌，还淋了一层巧克力酱。巧克力味道浓郁，甜度适中，吃完一份也不会觉得很腻。饼一定要蘸着冰激凌吃才好吃哦！

压轴上场的“龙虾意面”确实让我十分惊艳！大块大块的虾肉，老板毫不吝啬。虾肉Q弹紧实，里面还有各种海鲜佐料，扇贝生蚝，用料十足，分量特别大。注意哦！前面的虾钳子里面也藏有一大块肉，不要错过了哟！

这家餐厅还有各式各样的软饮，管饱！就算不来这里吃饭，也可以来喝软饮哦，运气好还可以在美团抢到代金券。调酒小哥看到我们在拍摄，还给我们露了两手。看这身手，还不快来店里尝尝！

（微信公众号：济南攻略）

训练提示　“济南攻略”是一个专做济南当地新鲜游玩资讯、时尚潮流情报、小资美食攻略的微信公众号。内容制作精良，文案优美有趣，吸引了大批粉丝。

本期内容介绍了位于泉城路的时尚创意西餐厅，对餐厅的环境、餐点做了精彩的描述。有了如此精彩的文案，表达也应当独具一格。训练时应寻找一种边浏览、边品尝、边向受众热情介绍的感觉，交流对象是热爱美食、喜欢打卡时尚之地的青年朋友。

想当冬日“男神”，先学会如何选羽绒服

具体内容请在抖音平台账号“铁血缝纫机-龙牙男装”当中搜索。

训练提示 这是一个主做男装的抖音号，视频内容多是有用、有趣的衣裤鞋包知识。本视频给用户推荐了一款羽绒服，从外观设计、充绒、面料、做工等方面做了细致的讲解，内容比较客观、中肯。很多用户之所以喜欢看这类评测视频，就是因为这类视频具有真实性与客观性，可以让自己了解到更多商品资料和性能，从而作出更适合自己的选择。练习此类表达的时候，一定要做到话有所依，遵循“用事实说话”的原则，使用户从中体会到真诚、热情，仿佛是一位内行的朋友在推荐物美价廉的东西。

“知识脱口秀”课程是什么

具体内容请在抖音平台账号“主持人王芳”当中搜索。

训练提示 著名主持人王芳近年来从电视圈转战自媒体平台，抖音粉丝超过千万。

这条视频不是介绍书籍，而是介绍她主讲的一门课程“知识脱口秀”。她逐一介绍了这门课程的授课对象、内容、价格、优惠等，语言表达热情直爽。这类推介少儿培训类课程或者童书的视频，交流对象是家长，但是我们不能把交流对象想象成模糊的一个群体，想象成具体的一个或几个有这方面需求的家长更容易找到对象感。

《匠心造国货》第 10 集

具体内容请在抖音平台账号“震哥有料”当中搜索。

训练提示 在这条视频的评论区，有 28 万点赞和上万条评论。有的评论“这是一个很好的广告创意”，有的说“这是一个好的营销方案”，还有的留言“广告做得不错，有想买的冲动”，说明这条视频很好地完成了销售推广任务。

这条视频的制作者是一位记者、主持人、配音师，他的专业表达很有吸引力，有用户评论“声音太好听了”，说明视频的声音表达质量也是非常重要的。他把故事讲得引人入胜，把情节讲得有画面感，把数字列举得清清楚楚。这种真诚的交流感让视频观看者愿意为优质的国货点赞。

第十七章 停连

教学目的：学生理解停连的概念，掌握停连的基本类型和处理方式。

教学要求：学生在实践中敢于打破标点符号的限制，用好停连技巧。

重点难点：停连的基本类型、停连的处理方式。

课时安排：大课1课时，小课8课时。

第一节 理论概述

一、停连的概念

首先，停连是因为生理需要。有些主播推介商品时，语速过快，又急又密，像开机关枪一样，不仅自己累得上气不接下气，用户听得也累。其次，停连是因为心理需要。感情的运动需要在哪里停顿，就要在哪里停顿，需要停顿多长时间，就要停顿多长时间，需要在哪里连接，就要在哪里连接。只有这样，才能清晰地传达句意、传递情感。在停连的运用上，生理需要必须服从心理需要，不能因为停连不当而损害句意传递，影响情感表达。

在有声语言的表达过程中，声音中断、停止的地方就是停顿；不中断、不停止的地方，特别是文本中有标点符号而不休止、不中断的地方，就是连接。

停顿和连接都是有声语言行进中显示语意、抒发感情的方法。

二、停连的基本类型

（一）区分性停连

区分性停连就是通过停连的安排，区分语言序列的各个成分，表达出清晰的语意。

例句：

(1)敷面膜是女生面部保湿的常用方法，方便、有效是美女们对一款面膜最基本的要求。这款面膜遇水激活，敷上面部等待15—20分钟取下，再用指腹缓缓地按摩剩余精华，帮助肌肤吸收。

(2)新款芦荟胶面膜采用的是南非国宝级芦荟，并在这个基础上增加了许多护肤元素。这是一款专为敏感肌而生的修复面膜，任何肤质的人都可以放心使用。

(二)呼应性停连

呼应性停连是在有呼有应的句子里体现呼应关系的停连。要理清句子成分中哪个是呼，哪个是应，是一呼一应，还是一呼几应。

例句：

(1)你知道你的眼睛每天会有多少脏东西进去吗？眼部彩妆、空气污染、雾霾，甚至是路边灰尘、小飞虫都可能进去，想想都恐怖！

(2)这款产品成分天然，能补充眼睛每日所需的营养。它所含的四重天然护眼精华：花青素、叶黄素脂、枸杞原浆、虾青素，都是我们熟悉的护眼元素。

(三)并列性停连

并列性停连是指在文本中属于同等位置、同等关系、同等样式的词语之间的停顿及各成分内部的连接。各并列关系之间的停顿，要求位置类似、时间近似，以显示并列关系，而它们各自内部的连接较紧，即使有些小停顿，时间也不可长。

例句：

(1)秋冬季节来临，我们的肌肤常常会出现干燥、紧绷、粗糙等状况。爱美的精致小仙女，面霜、水乳、面膜、精华，通通都要用起来！

(2)武夷岩茶肉桂具有防辐射、抗衰老、抗变异、提高免疫力的功效。它温而不寒、芬芳馥郁、香胜白兰，是下气解酒、提神消食的佳品。

(四)分合性停连

在并列关系之前，往往有领属性词语；在并列关系之后，往往有总括性词语。在领属性词语之后或总括性词语之前，都有停顿。这个停顿比并列关系之间的停顿要长，这样就形成了分合关系。分合性停连包括先分后合、先合后分两种情况。先合后分再合是这两种情况的联合。

例句：

(1)面膜五花八门，各大美妆博主孜孜不倦地直播推荐，明星们也经常晒出在家敷面膜的照片。

(2)俗话说得好，寒从脚起，百病从脚生，所以鞋子的保暖特别重要！

（五）强调性停连

在句子之间、词组或词之间，为了强调某个句子、词组或词，就在前边或后边，甚至前后同时停顿，使要强调的词句突显出来，在其他不强调的词句中，有停顿处也相对缩短一些时间，这就是强调性停连。

例句：

（1）好多小哥哥也在问这款戒指适不适合男生戴，当然适合！这款小方戒当情侣款戴辨识度超高哦！就凭这枚戒指的寓意你也应该选择它！

（2）它简直是熬夜女孩必备！毫不夸张地说，这样一款“平价去暗黄神器”，活动价不到百元，值得一囤！

（六）判断性停连

既然是判断性停连，就应该有思维过程，并且思维过程中的感受应该明显。因此，当文本中有判断过程出现的时候，就应在判断、思索的地方进行判断性停连，以表达出此时的思维过程。

例句：

（1）很多人都有这样的困扰：不管喝再多水，秋冬季嘴唇还是容易干燥起皮。如果忍不住舔一舔，再撕一撕，连口红都不敢涂。

（2）这款面膜添加了普通面膜3倍的精华液，再加上本身的营养成分，也太有诚意了吧！

（七）转换性停连

有声语言由一个意思变成另一个意思，一种感情变成另一种感情，这中间应该有相应的停顿，显示转换的环节。因此，为了表现语意、文势、感情的转折，就要运用转换性停连。

例句：

（1）我们穿鞋追求颜值、潮流，但是老人年纪大了，走路容易摔跤，穿鞋要注意的更多，所以给老年人选择一双舒适、安全的鞋特别重要！

（2）欧美妆化得好，气场两米八；化不好，分分钟感觉像整容失败。可以说，欧美妆非常挑战化妆技巧，但是又让人忍不住去尝试。如果化好了，连气质都会瞬间不一样。

（八）回味性停连

有的词、句、段表达之后要给受众留有想象、回味的时间，这样的停连就是回味性停连。既然是回味，就不能一带而过，而应在文本中需要展开想象、引人深思的地方加深受众的印象。运用这种停连，停的时间要给足。

例句：

（1）一款两戴的戒指，戒指、项链两不误，聪明的小仙女不能错过哦！戒指一枚、项链一条,几百块钱就能买到超精致的首饰,绝了!

(2)减肥党、上班族,爱吃又怕胖,不爱运动只爱躺,说的是你吗?一旦意识到自己肥胖的“事实”,就开始节食减肥,可瘦的都是水分,减了个啥呀?寂寞!

(九)灵活性停连

由于每个人的文化修养不同、声音条件不同,表达方法就可能不一样,而多种表达技巧之间又是相互渗透、相互交叉的,因此,只要在内容允许的情况下,又符合思想感情运动的需要,就可以灵活运用停连,这就是灵活性停连。

例句:

(1)母亲节的时候,除了把礼物送到母亲手中,别忘记,还有一件礼物,是她一直惦记的。没错!一个大大的拥抱、一个紧紧的拥抱、一个长时间的拥抱、一个告诉她你爱她的拥抱。

(2)什么最重要?亲情最重要,感恩最重要,生命最重要,活着最重要。

三、停连的处理方式

(一)停顿方式

1.落停

落停缓收是在一句话、一个层次或一个文本结束时使用的。内容到此处收住,声音也要处于落势缓缓收住,气息正好用完,停的时间稍长,适合于全篇文本的结尾。如果在文本当中使用落停,那么在缓缓收住接下句时,需重新换气。落停一般用于较平稳的、松弛的内容。

例句:

(1)起风了,你送他的那条羊绒围巾,很暖。

(2)怎能忘却美食呢?它与时间形成纽带,将你捕获,使你迷恋上这里的每一分、每一秒。

2.扬停

扬停强收的语句用声大些,气息支撑较有力,唇舌的力度也较强,一般用在上扬趋势的语句中。如果在表达中运用扬停强收,接下一句时,一般要把声音放下来缓起。

例句:

(1)还有人不知道吃蓝莓护眼吗?不会吧,不会吧,不会吧!

(2)神仙胡萝卜色,黄皮“亲妈”,黄黑皮女孩闭眼入,肤色直接显白五个度!如果你不知道买什么颜色,那就赶紧买这支!买这支!

(二)连接方式

1.直连

直连一般用于有标点符号而内容联系比较紧密的地方,特点是顺势连带,不露接点。有时甚至不用换气,只用胸中的余气就可以了。直连一般是紧连快带,有时也在紧连的前后用慢来显示,慢中有快。

例句:

(1)今天给大家推介的这款休闲裤,简约百搭、时尚感十足、修身显瘦,让你轻松穿出大牌范儿。

(2)长时间地刷屏,用眼过度,你的眼睛早就不堪重负了!干涩、发痒、疲劳、红血丝,甚至明显感觉到视力下降,你千万要注意了。

2. 曲连

曲连给人一种似停非停之感,可以用"顿挫"来形容。这种顿挫主要以连接为主,因为不需要喘气或深呼吸,是声挫气连,一般用于较舒缓的内容。曲连也常用于没有标点符号而内容又需要有所区分的地方,它的特点是声断意连,环环向前。

例句:

(1)北京历史悠久,五朝古都,可说的事多了:香山的红叶、北海的荷花、曲折幽深的小胡同、温馨亲切的四合院、紫禁城中的暮色、昆明湖上的朝霞、六必居的酱咸菜、穆家寨的炒疙瘩,真是数不胜数,说不胜说。

(2)西塘,河流纵横,绿波荡漾。晨间,小桥流水,薄雾似纱;黄昏,夕阳斜照,渔舟唱晚,是典型的江南水乡的写照。

第二节　实训内容

确定停连的位置、选择停连的表现方式,并不能单纯地根据一句话来判断,而要根据上下文,结合整体的内容全面考虑。在电商主播的语言表达中,多连少停是基本原则。主播要根据具体的语句结构、情感运动来确定停连的位置。正确的停连是主播在直播中的"标点符号"。直播中使用比较多的是并列性停连、强调性停连、呼应性停连和区分性停连。

1. 手机充电最让人头疼的是什么?睡前忘充电,起床看傻眼,电量在预警,心态快要崩;出门忙一天,电量就剩3,回家路上只剩焦虑和不安。有了小米的快充技术,烦恼统统都走开。今天,小米正式官宣其研发的最新一代超级快充技术,给你惊喜,不要走开哦!

2. 近年来,越来越多的国际积木品牌开始推出中国风建筑模型,像乐高的布达拉宫、故宫系列。咱们国产积木也在崛起,像 keeppley 的栖云小筑,就是我刚刚说的街景系列,采用了徽派建筑灵感;还有森宝的港风骑楼,让人一秒穿越到 TVB 的港风街景里;而重拾营造的薪火相传系列,让我知道什么叫惊艳。

国产积木大多将重点放在了中国风上,其实不难理解,中华上下五千年有许多优秀的传统文化，第一个让世界看到且震惊的就是中国的建筑。李白在《夜宿山寺》中说："危楼高百尺，手可摘星辰。不敢高声语，恐惊天上人。"还有那震惊世人的《阿房宫赋》，让我们了解到阿房宫"覆压三百余里，隔离天日。骊山北构而西折，直走咸阳。二川溶溶，流入宫墙。五步一楼，十步一阁"。这些都可以在国风积木中窥见一斑。

（郭韩毓）

3. 春节马上到了，又到了亲朋好友相聚的日子，又到了老爸老妈催你相亲的日子，又到了姐妹们聚会争奇斗艳的日子。你涂上了美美的口红，穿上了漂亮的新装，可千万别忘了再喷上诱人的香水。说到香水，选起来还真的要动动脑子。太寻常的味道会让人觉得泯然众人，话说撞衫尴尬，撞香水也有点尴尬呢！想要个性又怕自己闻起来怪怪的，好端端的香水买回家结果发现有点像空气清新剂！其实每一瓶香水都有自己专属的味道，它可以唤醒女性内心深处的自爱与浪漫，可以让女性变得更加优雅迷人。但是香水品牌那么多，好闻的味道那么多，哪一款是适合自己的呢？今天我就和姐妹们一起认真地分析一下。

4. 如今的儿童智能手表，硬件强大、功能贴心：高清双摄、实时定位、人脸识别、视频通话样样都行。孩子们觉得方便好玩，家长们可以随时掌握孩子的行踪。儿童智能手表在各大电商平台畅销热卖，"3·15"信息安全实验室对此展开了专门的测试。

这款儿童智能手表有着"10万+"的销售记录，"3·15"信息安全实验室购买了一个，交给一位小朋友佩戴，然后将一个恶意程序的下载二维码伪装成抽奖游戏，贴在孩子家门口。

这样的抽奖游戏很容易吸引孩子扫码体验。就这样，恶意程序就轻松进驻孩子的智能手表中。同时，工程师已经实现了对这款手表的远程控制。

孩子每次抽奖，恶意程序就自动把手表里的重要信息，如位置、通讯录、通话记录等打包实时发送出去。

玩完抽奖游戏，孩子下楼玩耍，工程师依然可以实时定位，不间断收集孩子的移动轨迹，轻松圈定孩子的活动范围。

测试人员从后台通过多次采集孩子的位置信息推断，她的家离她的学校其实很近，大概两三百米，5分钟就能走到。回家后，孩子和姥姥聊天。通过调用手表里的麦克风，身在异处的工程师对谈话内容一清二楚。饭后，孩子在书桌前做手工。孩子的一举一动也被随时掌握。

（微信公众号：央视财经《"3·15"晚会曝光：家长小心！低配的儿童智能手表成"行走的偷窥器"》节选）

5. 入夏以来，新疆旅游热度不断攀升。当地在做好疫情防控的同时，采取多种措施，促进旅游经济释放活力。

这些天，新疆喀纳斯、那拉提、天山天池等景区迎来全国各地的游客，人们在大美风光中尽情畅游。

景区在做好疫情防控的同时，通过增加游览车辆班次、延长景区运营时间、加大志愿者咨询服务等措施，提升游客的旅游体验。今年"文化游"和"研学游"也大受欢迎，位于阜康市境内的天山天池，由于地质地貌独特，吸引了许多学生来研学，了解地质构造、多样物种等知识。

这段时间，当地牧家乐接待游客人数也在不断增加。在伊犁州新源县阿尔善村，村里成立了民宿、马队、物业服务等10家专业合作社，既提高了旅游的专业化服务水平，又解决了群众就业，越来越多的村民享受到旅游发展带来的红利。

助力新疆旅游升温，今年，新疆铁路、民航、公路陆续开通旅游专线，新疆铁路计划开行旅游专列102列。与此同时，文旅部门对旅行社、导游、饭店等开展专项整治，进一步规范旅游市场。今年1—6月，新疆接待游客人数超过7700万人次，实现旅游收入530多亿元。

（《新闻联播》:《新疆多举措助旅游经济释放活力》）

6.“包”治百病，爱美的女生恨不得给每一件衣服都配一个专属的包包，甚至天气不同、心情不同，也要搭配一款不一样的包包。包包已经是女生出门必备的一件单品。在这个冬天，适合背什么颜色的包包呢？冬天人们的着装大多数时候色调偏暗，黑色大衣、黑色羽绒服是大家的必备款，搭配一只红色包包能瞬间打破沉闷、焕发活力。另外，你也可以尝试搭配一只米色的包包，虽然没有红色那么抢眼，但是优雅娴静，而且添加了一抹温暖和温柔。

有的女生喜欢先买包，再为新包搭配衣服。如果是一只今年流行的克莱因蓝色包包，那可足够抢眼，再搭配白色的大衣或者棉服，气质清新脱俗，一定能为你赚足回头率。

7.冬天也能吃到桃子？没错！山东海阳的金秋红蜜桃，只有在秋末冬初才能吃到！当地人称之为“冬桃”。它最大的特点就是甜！春季开花，入冬才成熟，每一个桃子都在树上足足养了200多天，积累了足够的糖分和养分，怎么会不甜？它的甜度非常高，平均甜度可以达到19度。2007年，在中国山东农产品大赛中，金秋红蜜桃更是以28.6度的高甜度一举夺魁，被封为“当年最甜的桃子”。而且金秋红蜜桃属于脆甜桃，肉质细密、硬、脆，喜欢吃脆桃的朋友千万不要错过！

（微信公众号:我的一条《冬天也能吃到桃子？而且还超甜》节选）

8.所有的宝妈宝爸都经历过这样一个阶段:宝贝不停地在你身边提出各种各样的问题，涉及范围从天上到地底，从妈妈为什么没有胡子到蝌蚪为什么和它的妈妈长得不一样，从小蚂蚁为什么不能像小蜜蜂一样飞到人们为什么喜欢小松鼠却不喜欢小老鼠……小朋友眨巴着眼睛，问到你崩溃。

孩子的好奇心非常珍贵，但就算爸爸妈妈是超级学霸也回答不了这么多问题啊！怎么办呢？别急，今天给大家带来的是为3到8岁孩子打造的百科启蒙绘本《揭秘系列·聪明小孩全知道》。你猜这套书有多少册？你大胆猜，这套书太丰富了，它足足有100册，100册哦，囊括十四大主题:人体、生活、动物、植物、自然、历史、地理、海洋、科学、世界等。选取的问题别说孩子爱问，就是你没事的时候看看，都会感觉很有趣。

9.贵妃饼、福字饼、喜字饼、奶皮酥、枣花酥、元宝酥……这些听起来有些“老气”的糕点，竟然出乎意料地好吃！这些糕点全部出自津门老字号“祥禾饽饽铺”，这家老店从祖辈到孙辈一共传承了4代。饽饽，是满清入关后对糕点的统称。清宫中设有御饽饽房，在民间经营糕点的就叫饽饽铺。

“祥禾饽饽铺”继承了传统糕点用料考究、手工制作的优点，同时又改变了传统糕点“重油重糖”的做法，颠覆了人们对中式糕点“好看不好吃”的印象。不少天津人都说，这家的点心是从小吃到大的，老人小孩都爱吃，隔三岔五就得去买上一点。

“祥禾饽饽铺”的镇店之宝贵妃饼，灵感源自唐朝女子额头上的花钿，还上过《舌尖上的中国》第三季。连闻名世界的美食家、香港“食神”蔡澜先生，都专程到天津寻访“祥禾饽饽铺”。

他们家的糕点一经推出，就卖爆了！而且好评率、复购率超高！这次，我们又带来了“祥禾饽饽铺”的3款礼盒，将“祥禾饽饽铺”各种好吃的糕点汇聚在一起，让您一次可以品尝到多种口味。这次的礼盒设计大气体面，逢年过节赠予亲朋师友、父母长辈都很不错。

（微信公众号：家的要素《津门老店“祥禾饽饽铺”出礼盒了！糕点好吃、好看，过大年就送它》）

10. 应陕西省商务厅邀请，8月13日新东方旗下农产品电商平台东方甄选首次来到革命圣地延安，开启“东方甄选陕西行”专场直播活动。多款具有陕西特色的食品齐聚东方甄选直播间，吸引全国消费者观看、购买。

据悉，在9个小时的直播过程中，全场观看总人次达到1100万，平均在线观看人数17.4万，最高时44万人同时在线观看，全场总销量近3000万元，28款陕西特色商品当天迅速售空。其中，潼关肉夹馍、延安黄小米、狗头枣、油泼面、冰峰汽水成为当天销售额最高的5款陕西特色产品。陕西作家路遥、陈忠实的文学作品热销，销售额超过120万元。

活动期间，东方甄选陕西籍主播董宇辉、石明，以及主播小七、杰西现场讲解各种陕西产品，并现场学习安塞腰鼓、安塞剪纸、黄河老腔、华县皮影戏，演唱《南泥湾》等多首陕北民歌，全方位展示绿色陕西的新形象，博得了在线观众的一致好评和高度赞赏。

通过此次专场直播活动，东方甄选与陕西省多家企业建立联系，有望达成长期合作，助力更多陕西特产销向全国。

（三秦网记者石喻涵）

第十八章　重音

教学目的：学生理解重音的定义、作用，掌握重音的基本类型及运用方法。

教学要求：学生在实践中熟练掌握重音的基本类型及运用方法。

重点难点：重音的基本类型、重音的运用方法。

课时安排：大课 1 课时，小课 8 课时。

第一节　理论概述

一、重音的概念

在表达中，那些根据语句目的、思想感情需要而给以强调的词或短语就叫重音。

有些主播的表达很平，缺少抑扬顿挫，语句目的难以突出，逻辑关系不严密，这样的表达往往很枯燥。准确确定重音可以在表达时使语意更清楚准确，语句目的更突出，逻辑关系更严密，感情色彩更鲜明。

二、重音的基本类型

（一）并列性重音

并列性重音是指在段落、语句中有并列关系的某些词或短语。主播要通过有声语言显示出它们之间的并列关系，不仅要运用并列性停连，而且要在那些具有并列性关系的词或短语上确定重音。

例句：

（1）细带凉鞋，好穿又多变，清纯又性感。

（2）敷 10 分钟，发一脸光，敷完之后整张脸：亮！嫩！滑！

(二)对比性重音

比较、对照可以使事物的特征更加突出,优势更加鲜明。这样的构思用语言表达出来,就是对照式结构,在这种结构的句子中,我们要用对比性重音。

例句:

(1)价格低不叫便宜,物超所值才叫便宜。

(2)比起高跟鞋对女人平衡性的考验,凉拖则是人人可以驾驭的款式。它既不会像高跟鞋那样穿半天就脚疼,也不会像人字拖那样随便,简直就是凹造型必备!

(三)呼应性重音

呼应性重音是揭示上下文呼应关系的一种常用方法,有一呼一应、一呼几应等类型。

例句:

(1)何为正岩肉桂? 正岩肉桂是肉桂当中的一个品种,而正岩指的是一个地区。

(2)它有多好吃? 就是吃了一口你就停不下来!

(四)递进性重音

文本描写的对象、阐述的道理,往往不是一成不变的,而是一步步向前发展、逐渐深入的。处理这种递进结构时,常用递进性重音。

例句:

(1)一双好的鞋子,不仅仅是一件商品,更是穿搭中的点睛之笔。

(2)这款戒指不仅好看,而且带有希冀的力量,让漂亮的女孩在追求美和精致的道路上越发高贵起来!

(五)转折性重音

递进性重音揭示了同一方向进展的内容,而转折性重音正和它相反,转折性重音通过对相反方向的内容变化的揭示,表现说话者的意图。

例句:

(1)虽然有人说中秋节的味道越来越淡薄,但每年和家人聚在一起,吃一口月饼,你就会发现那些珍贵的记忆从来没走远。

(2)肉桂茶虽在醇厚度上略逊于水仙茶,但香气比水仙茶浓郁许多。

(六)强调性重音

强调性重音即对句子中表达感情色彩的词或词组加以强调,以突出某种感情。

例句:

(1)细带凉鞋今年特别流行,尤其是绑带超细的那种。

(2)章丘铁锅,锅中好锅。

(七)比喻性重音

比喻可以化抽象为具体,变深奥为浅显,使语言顿生情趣,令受众难以忘怀。放在比喻性词语上的重音,就叫比喻性重音。

例句:

(1)这个Q弹软嫩的质地,实在是太戳中少女心了!淡黄色膏体软软糯糯像面团一样,比一般涂抹的面膜浓稠很多,满满都是精华,难怪被大家叫作“发光面团”呢!

(2)认真过冬的时髦精们,必须入手这款羽绒服,它轻薄温暖得宛如一条行走的“羽绒被”,是你安然度过整个冬天的温暖铠甲。

(八)拟声性重音

拟声性重音就是句子中的象声词。应注意,不是所有的象声词都可以做重音,而要看它在句子中的位置。

例句:

(1)只听见“砰”的一声,香喷喷、白胖胖的大米花出锅啦!

(2)“嗞啦嗞啦”,切好的小肉丁下锅啦!

(九)肯定性重音

文本在表达对事物的肯定态度时,一般用“是”“不是”“无”“有”“没有”,等等。表达时不能单纯地看这些肯定性词语,而要看整句话的意图是什么,一般有两种情况:一种是要肯定“是什么”,另一种是要肯定“是”还是“不是”。

例句:

(1)是这一款,我找了好久了,就是它。

(2)它在“月饼界”的地位杠杠的,它就是“××月饼”。

(十)反义性重音

文本有时会使用正话反说或反话正说的修辞手法,主播在表达这样的语句时需要抓住反义性重音,把赞成或反对的态度展现出来。

例句:

(1)今年的凉鞋都太好看了吧,这个夏天的“蜈蚣精”我是当定了。

(2)喜欢追求时尚的人总想“折腾折腾”自己的头发,尤其是在街上看到别人的发色特别好看的时候,自己也想要尝试一下。

三、重音的运用方法

(一) 高低强弱法

要想强调某个重音，必须把次重音和非重音相对放低或减弱，这就是“欲高先低，欲强先弱”或“低后渐高，弱中渐强”的高低强弱法。

例句：

(1) 所有戒指的款式都有白金和玫瑰金两种颜色，尺寸为 8—18 号，如果你的手是肉肉手，还可以独家定制尺寸。

(2) 唇部都这么脆弱了，还不赶紧做好护理吗？尤其进入秋冬后，更要加强保养，否则涂再贵的口红，都是白费！

(二) 快慢停连法

把次重音或非重音快速带过去，这就是“快”；强调重音时，用“慢或延长音节”来处理，这就是“慢”。强调重音时，可以在重音的前后运用停顿的表达方法，也可以运用连接的表达方法。这就是快慢停连法。

例句：

(1) 漓江的水真静啊，静得让你感觉不到它在流动。

(2) 河中是静静的碧，河岸是浓浓的绿。原始的热带风光、茂密的热带植物，还有神秘的丛林动物。一边品尝自助餐，一边享受徐徐清风与两岸原始丛林的美景，好不惬意！

(三) 虚实法

虚实法是通过声音的虚实变化来强调重音。为了表达某种情感，主播可以适当采用虚声来强调重音，使情感得以充分展现。

例句：

(1) 它恰似夏日的悠闲步伐，它犹如温婉的甜美花朵，它仿若静谧的蓝色海洋……

(2) 这里是香氛缭绕的明亮的地中海海岸，下一站会是哪里呢？

第二节　实训内容

电商主播的语言表达速度是比较快的，为了在快速的语流中清晰地明确句子目的、传达句意，重音技巧的使用就尤为重要。在电商主播的语言表达中，重音的使用原则是少而精。对于句中那些重要的、主要的词或词组，表达时要着重强调，以便突出地、明晰地表达出具体的语言目的和感情。

主播在直播中经常使用并列性重音、强调性重音、呼应性重音和对比性重音。主播遇到比喻性重音、拟声性重音的时候，一定要表现出比喻、拟声所要表达的意趣；对于肯定性重音，要表达得态度明确；对于转折性重音、递进性重音，要表现出清晰的逻辑感。

1. 有没有朋友和我一样，学习之前一定要准备好喜欢的文具，像顺滑的笔、漂亮的本子，然后才能开开心心开始学习？我称之为学习前的“热身动作”。我用过各种牌子的笔，但用了这么多，还是觉得××家的笔最好用。上高中时的笔袋里满满都是这个牌子的笔，多希望笔的数量可以和我的成绩成正比！后来上了大学，笔袋里的笔都是“单独出门闯荡”，我猜它们或许正在校园的某个角落等我去找它们。

（赵丰瑞）

2. 手表对于女性来说，不仅是一件显示时间的工具，更是一种生活品位的体现。一块璀璨夺目的名表，使女性在举手投足间彰显出优雅干练的气质，让女性在不经意间流露出无限魅力。你的每一次出现，不仅需要得体的着装，还需要搭配的细节。

优秀的女性，对于时间的把握登峰造极。每一分每一秒，都是她们发挥生命价值的时光记录。在忙碌了一年的最后几天，你确定不为自己的腕上添加一款新的手表，作为对自己的奖赏吗？

3. 儿童文学作家阮梅到广西采访了黄文秀的多位亲朋好友和同事，历时两年写成长篇纪实文学作品《一个女孩朝前走》。这本书讲述了黄文秀从平凡女孩到时代楷模的成长之路，已经入选“2021 中国好书”。

我们先来看书的封面，是恬静的田园儿童画风格。孩子们在快乐地你追我赶，尤其是走在最前面的女孩儿，她扎着马尾辫，穿着红上衣，张开双手，大步向前。她是那么热情、那么明朗，就像一个小太阳，发散着温暖的光。有时候我在想，封面上可爱的小女孩会不会就是小时候的黄文秀，虽然生活艰苦，但总是积极乐观。你是不是也很想知道这个贫困家庭的女孩是如何面对成长过程中的各种困难的？又是如何把个人理想和中国梦结合起来的？我们一起到书中寻找答案吧！

（王晨）

4. 刷视频刷到半夜两点，追剧追到天亮，打游戏打到第二天太阳升起，说的是不是你？我反正是曾经的“熬夜星人”。大家经常手机、电脑不离眼，熬夜打游戏、追剧导致眼周老化越来越明显，眼袋、眼纹、黑眼圈爬上眼周，让我们看起来比同龄人大了好几岁。如果说眼睛是心灵的窗户，那么眼周就是这窗户的窗框啊，保养得好就会看上去比同龄人年轻。想做个“冻龄人”吗？那一定要注重眼周保养。除了少熬夜、早睡觉，养护的眼霜精华也必不可少。今天给大家推荐的就是×××眼部精华霜，有了它，你就不用“用最贵的眼霜，熬最晚的夜”了，毕竟活动价很便宜。但是，眼霜再好，夜，还是要少熬。

5. 首先来看一款涂鸦风格的文件袋，是不是超可爱、超亮眼？有颜又能装，收纳有良方。

我在里面放了我的一些证书、毕业照、奖状,等等,需要的时候一眼就能找到它,而且每次打开好像都能闻到袋子里飘出来的青春气息。这个纸袋撞色涂鸦的风格就和我们的青春一样,热烈、勇敢又大胆。它有一个绑带的设计,兼具美观度以及私密性,纯纸材质,容量很大。你看这样大小的证书都能装进去,真的是“小肚皮有大容量”。小号收纳袋就可完整放置 B5 笔记本。偶尔不想带包?没问题,带上它轻松出门,环保又能装!当然它还可以当礼品袋,朋友们在附赠的专属铭牌上,可以写上祝福,留下信息,实用性超高!

在这家店铺我还购买了一个单词本,也是很亮眼的颜色。它表面采用了纹理工艺,拿在手上不易滑落,同时手感更加舒适。无论是文件袋还是单词本,它们都拥有一个超级技能,就是防水!封面有了防水处理,不惧溅水,远离打翻水杯的尴尬。

(赵丰瑞)

6. 你家门前每天迎送你的是谁?节日里为你迎送客人的是谁?谁是你家风格的第一展示者?没错,就是那块被你在脚下摩擦、摩擦、摩擦的地垫。入户地垫是家的门面担当,它的颜值决定了朋友们对你家的第一印象,也为你带来每天下班进门时的好心情。

咱们中国人喜欢过年的时候里里外外都换新,就是这家门口,也要有过大年的仪式感。给大家看看这款小兔地垫,是不是很喜庆、很大气、很有颜值?您把它带回家一铺,可爱的小兔就会给全家带来有趣可爱的兔年元素。当你忙碌一天回到家,一眼看到它,开心,一脚踩上它,安心。兔年了,就让这款小兔地垫为你守门,等你回家吧!

7. 逢年过节,中国人的餐桌上总少不了一瓶美酒。相比白酒来说,柔和的红酒更适合大部分人。不仅是节日里,在浪漫的夜晚跟爱人喝上一杯,在温馨的夜晚和朋友喝上一杯,都会让你心情愉悦,看起来气色更好。

今天给大家推荐一款国货红酒——张裕择乐半干型赤霞珠葡萄酒(赤金版)。它的口味很好,不酸不涩,柔和顺滑,适合我们中国人的味蕾。

张裕这个品牌,可是百年国货之光。烟台张裕集团有限公司的前身是烟台张裕酿酒公司,是由近代爱国侨领张弼士先生创办的中国第一个工业化生产葡萄酒的厂家。1892 年,张弼士投资 300 万两白银在烟台创办张裕酿酒公司,“张裕”这两个字,“张”是冠以张姓,“裕”是取昌裕兴隆的意思。经过百余年发展,张裕集团已经是中国乃至亚洲最大的葡萄酒生产经营厂家。

8. 很多姐妹一入冬最头疼的一件事就是因为空气干燥,皮肤超级缺水,然后出现各种问题。明明保湿面霜涂得不算薄啊,可是一吹风,脸上就开始起皮。化妆的时候还容易卡粉,真的是好气啊。

而且姐妹们发现没,皮肤一干更容易起痘痘了!根本不想照镜子,不挤,看着难受;挤,会留痘印,自己都嫌弃自己。你是不是也买过一些补水产品,但是没什么效果?那你有可能用了不适合自己肤质的产品。今天给大家推荐一款国货品牌研发、专为东方女性肤质设计的补水滋养精华——百雀羚海之秘极地焕肌套装。

百雀羚大家应该都不陌生，它是国货老品牌，始创于1931年，口碑和品质一直都是比较好的。

9. 丹东99红颜草莓来啦！这么大的草莓，每个45克左右。这么大颗还一点不空，给大家掰开看一下，里面都是实心的。您千万别认为我是事先放好了一个，专门就等着掰这个啊。家人们，您指哪个，我就给大家掰开哪个。最上边第三个？第二排第二个？好的，没问题。(掰开)您看，是不是实心的？这掰开了，咱也不能浪费啊，我替大家尝尝，(入口)家人们，一口咬下去香气、汁水、果肉一下子就化在舌尖上了，浓浓的草莓香就从鼻腔直入味蕾。再看看这颜色，红得像一颗璀璨的红宝石，不愧这红颜草莓的名字，光看着就赏心悦目，真的是美味与颜值并存！

家人们看一下这个草莓，是不是美到想把它装在漂亮的盘子里，放到家里的桌子上？看着赏心悦目，吃着幸福满足。说实话，就是闻一下，都能闻到香甜的味道，真的太好吃了。家人们赶紧拍吧，走过路过你可千万不要错过这么美味的丹东99红颜草莓特大果。

10. 近期，东方甄选把直播间搬到了田间地头，引发外界关注。在7月26日的户外直播中，新东方不仅推广了黑龙江省牡丹江市当地特产、风土人情，还出售了多款与黑龙江当地农产品企业合作生产的自营农产品。

7月17日，东方甄选将首场户外直播设置在了北京平谷的一个桃园，带货农产品为桃子，东方甄选爆红主播董宇辉与新东方创始人俞敏洪亮相直播间。直播间人数最多超过20万，一万单桃子开售10分钟宣告售罄。

初战告捷后，7月26日，东方甄选开启第二场户外直播，直播地点选在黑龙江省牡丹江宁安市渤海镇上官地村的一片稻田，直播出售大米、蘑菇和木耳等，主播为董宇辉和小七。

据了解，除了展示地方产品、文旅风光外，东方甄选还通过与地方优秀农业企业合作，打造多款自营品牌“东方甄选”农产品。

(微信公众号：中国证券报《田间地头，董宇辉在卖货，10分钟抢光！东方甄选30天卖了6个亿》节选，作者董添)

第十九章　语气

教学目的：学生理解语气的相关概念，掌握语气的多种类型。
教学要求：学生在实践中根据语气的不同感情色彩和分量准确地确定语气的声音形式。
重点难点：语气的感情色彩和分量、语气的声音形式。
课时安排：大课 1 课时，小课 8 课时。

第一节　理论概述

一、语气的概念

语气是思想感情运动状态支配下语句的声音形式。

具体的思想感情是语气的灵魂，它在语气中处于支配地位；具体的声音形式是语气的躯体，思想感情通过声音形式得以体现；语气以句子为单位，存在于一个个句子中。

思想感情不同导致声音形式的变化。恰当的声音形式能准确体现思想感情的运动状态，不恰当的声音形式会影响思想感情的准确体现。

电商主播在推介商品、录制引流视频的时候要通过语言来打动用户、感染用户，因此与其他语言艺术工作者一样，电商主播也要在表达中有丰富多彩的语气变化。尤其是在电商直播的休闲娱乐功能越来越强的今天，单一的语势会让用户感到单调无趣，只有丰富多彩的语气变化才能让人驻足关注。

二、语气的感情色彩和分量

具体的思想感情包含两个方面的内容：一个是语气的感情色彩，一个是语气的分量。

(一)语气的感情色彩

语气的感情色彩，主要指语句包含的是非和爱憎。

是非指态度方面的具体性质。比如:是赞扬、支持,还是批评、反对等。爱憎指感情方面的具体性质。比如:是喜悦、热爱、焦急,还是悲伤、憎恨、冷漠等。

主播对语气的感情色彩的把握要准确贴切、丰富细腻。

(二)语气的分量

语气的分量是指在把握语气感情色彩的基础上,区分是非、爱憎的不同分寸的“度”。强调语气的分量,就是要求主播掌握语气感情的分寸、火候,表达时恰到好处。有的主播在情绪激动时容易出现分寸太过的问题,应注意调整。

三、语气的声音形式

(一)声音形式

语气的声音形式是语气的躯体,语气的感情色彩和分量通过恰当的声音形式体现出来。声音形式的变化主要是由口腔状态、气息状态和声音各要素的变化造成的。表达不同的感情,口腔的松紧、开合,吐字力度的强弱,气息的深浅、强弱,声音的高低、长短和音色等都各有不同。

(二)语势

语势指一个句子在思想感情运动状态下声音的态势或者趋向。

我们将语势归纳为五种基本类型。

1. 波峰类

声音呈由低到高再向低的发展态势。

例句:

(1)先给大家上三款品牌的明星产品,中老年健步鞋、时尚老爹鞋、居家拖鞋,还有优惠的组合搭配。

(2)这是一款中性木质调香水,名字非常酷有没有?它是小众沙龙香中比较知名的一款。

2. 波谷类

声音呈由高向低再到高的发展态势。

例句:

(1)北京,是我们的出发地,跨过大关桥,驶过已冰封的白河,那条环绕着三瀑十八潭的蜿蜒游龙,便是黑龙潭。

(2)最快乐的不是吃了好吃的鱼头火锅,而是饭后吃到那个梨。

3. 上山类

声音呈由低到高的发展态势。

例句：

(1)今天给大家带来一款欧美妆，超美！超辣！超劲爆！

(2)好啦，今天的“种草”就到这里了，还没有囤年货的姐妹，冲冲冲！

4. 下山类

声音呈由高到低的发展态势。

例句：

(1)任何事情也无法引起他的兴趣了……

(2)六月，杨梅熟了，摘一颗放进嘴里，满口的酸甜，这是夏天最迷人的瞬间。

5. 半起类

声音的发展态势也是由低到高，但上至一半就止。

例句：

(1)这款戒指性价比超高，毫不夸张，这大小、这分量，明眼人一眼就能比出优势！同样的钱我能买 3 个换着戴，何乐而不为？

(2)夏天，最幸福的事情是什么？去山上看星河，算吗？

四、如何避免语势单一

(1)句头起点不宜相同：如果语势的变化幅度为五度，那么尽量不要使每句话的起点高度一样。

(2)句腰波形不宜相同：尽量不要连续使用同一波形。

(3)句尾落点不宜相同：每句结束的落点最好在不同高度，停时声音的轻重缓急也不宜相同。

第二节　实训内容

这部分训练内容有不同的感情色彩：有介绍优惠价格的亲切开朗，有游览美景的惬意愉悦，有介绍产品的耐心细致，有对某品牌抵制新疆棉花事件的严肃批评。通过这一阶段的练习，主播要明确不同思想感情对声音形式的不同要求，声音形式与思想感情相辅相成。主播进行分类练习，有助于提高自身的语言表现力。

1. 秋冬季是寒湿侵体的季节，大毛病没有小毛病不断成为很多朋友的烦恼。想养生，要从“脚”开始。娱乐圈有不少注重养生的明星热衷于泡脚，中医也建议大家泡脚养生。但泡脚是有讲究的，想要效果好，就得在水里加点料！今天给大家推荐一款百年中药品牌生产的足浴包，×××足浴包。今天的价格很给力，一盒39元，每盒30袋，平均每天只要一块三。一块三您买不了人参、买不了燕窝，更买不了上当。只要您能坚持泡脚，效果不比吃补品差！

2. 这座岛非常安静，出门就是沙滩。酒店外没有熙熙攘攘的游客，只有几个孩子在追逐打闹或捡拾贝壳。沙椰树下有吊床，你可以懒懒地在吊床上轻轻摇晃，在阳光下做个美美的白日梦。透过树荫，斑驳的阳光洒在脸上，你睁开眼睛，蔚蓝的大海就在眼前，每一次呼吸都是大海的味道。

3. 天寒地冻，是不是特别想待在家里哪儿也不去，但还是不得不去？是不是出门了手特别不想伸出来，但是不得不伸？俗话说“寒风刺骨手先知”。人在户外，双手必须露出来用手机、拿东西。有朋友说了，“你戴手套啊”，没错，得赶紧戴上。但是戴上手套不方便啊，戴上普通手套根本没法用手机，你说着急不着急？俗话还说“有需求就有市场”，今天就给大家推荐一款集保暖、可触控、高颜值于一体的手套——×××发热手套。

4. 它就是被称为“唇部小熨斗”的凡士林润唇膏。大家可以看到，我已经用了三分之二，马上就要用完了，我的感受就是：头上站鸭子——顶呱呱。我手里这个是玫瑰味的，一闻就好像闻到了整个春天。那种淡淡的、若有似无的香味，一点也不刺鼻，所以深得我心。它家还有一个味道是焦糖布丁，比这个玫瑰味更甜，涂上之后感觉整个人都变甜了。当然，经典原味唇膏是必不可少的，满足了大家对味道的不同需求。

（石梦阳）

5. 在很多朋友的记忆中，自己的小学、中学附近都会有一家小卖店，小卖店里除了有花花绿绿的零食，还有一台烤肠机。每天放学路过小卖店的时候，烤肠的香味远远地就飘过来了，只要你瞟一眼，卖烤肠的阿姨总会不失时机地问一句：“来一根儿吧？”当你经不住诱惑，买一根烤肠一边走一边吃的时候，幸福感节节攀升。长大后大家反倒越来越不敢吃了，各种视频、各路专家都告诉你，路边烤肠用料不卫生，问题多，而且你还吃不出来它是用什么肉做的。老婆饼里没有老婆，鱼香肉丝里没有鱼，这是确定的，那烤肠里有没有真材实料的肉呢？还真不好说。但是假李逵该打，真李逵无罪啊，吃货们想吃烤肠的心该怎么安慰呢？今天给大家推荐的是×××烤肠，纯鲜肉制作，好吃得不得了！

6. 春光明媚，茶园吐翠。杭城人的春天，可以说是从一杯龙井茶开始的。龙井风土，沾染着西湖轻灵之水汽。梁实秋说过：“喝西湖龙井是把西湖山水喝到肚子里。”

这个周末，杭州西湖风景名胜区五云山脚下，中国农业科学院茶叶研究所的茶田里，身穿红马甲的采茶工零星出现啦！

采茶阿姨告诉记者，前几日，天气温度逐步回升，早晚有温差，时晴时雨，非常适合茶芽生长。我们就住在附近，每天都能观察到五云山西湖龙井茶田茶芽成长的痕迹。周末，些许芽头已长成待采的模样。

龙井茶经历了近一年的休养生息，且春季温度适中，雨量充沛，茶树营养物质丰富，茶芽肥硕，茶树的氨基酸、果胶含量高，多酚含量低，滋味鲜爽，香气鲜甜，色泽翠绿，叶质柔软。

从现在的情况来看，只要后期天气稳定，没有倒春寒、霜冻的情况出现，今年的龙井茶品质会非常不错。

（钱江晚报官方账号，记者施雯、通讯员宋佳）

7. 给大家推荐一款用落棉做成的洗碗布。落棉是什么呢？就是在纺织工序中被丢弃的短纤维棉，也就是我们所说的“边角料”。大家不要误会啊，这边角料也是正儿八经的新疆棉。将落棉收集起来，纺织成线，不染色，省略了漂白工艺，呈现棉花的原色，最后制成具有良好吸水性的落棉洗碗布。这种洗碗布用完简单清洗一下即可，让你从此连刷碗都有满满的仪式感和幸福感！

它一布多用，擦桌子、擦杯子、擦灶台、擦玻璃、擦爱车、擦橱柜，先说这些，再多成绕口令了，总之，都好用。这一组有12张，就算给全家来个大扫除都没问题！一组落棉布，轻轻松松承包你的全部家务！这操作属实麻雀吃蟋蟀——确实帅（雀食蟀）！

（石梦阳）

8. 一提到新疆，大家就会想起吐鲁番的葡萄，还有美丽的热巴和娜扎。其实新疆不光盛产葡萄和美女，新疆的羊肉你一定要了解一下。新疆人非常喜欢吃羊肉，羊肉对于新疆人来说就像白菜猪肉炖粉条之于东北人、热干面之于武汉人、牛肉面之于兰州人。为什么新疆人偏爱吃羊肉呢？在新疆人眼中，一只普普通通的羊，能有72变：羊肉串、烤全羊、羊肉汤、手抓羊肉、红烧羊肉、葱爆羊肉……再数就得流口水啦！

新疆巴什拜羔羊肉是羊肉中的极品，每只羔羊都是在巴尔鲁克山上天然放养的。那里水草丰美，羊儿们长到七个月大就出栏，是地地道道的羊小宝呢，所以一点羊膻味都没有。巴什拜羔羊肉肉质细嫩、味道鲜美、口感好、易吸收，最重要的是它的胆固醇含量低，但是钙、铁、磷等微量元素的含量高，这对现代人来说可真是好消息。

9. 衣柜里，塞得满满当当，三五年前的衣服还在柜底安安静静地待着，哪怕你根本不会再穿了；书柜里，过期的杂志一摞摞放着，哪怕你懒得再翻一页；碗柜里，新的碗碟快堆不下了，但是旧的你也不舍得丢，哪怕你再也没打算让它上餐桌；角落里，各种不用了的、用坏了的小物件、大物件，不知道你是没时间丢还是舍不得丢，总之就把它们放在那里。家人们，我就弱弱地问一下：你需要一个收纳柜吗？来我直播间，大大小小的收纳好物等着你。

第二十章 节奏

教学目的：学生理解节奏的概念，掌握节奏的基本类型和运用方法。
教学要求：学生在实践中掌握节奏的运用方法。
重点难点：节奏的基本类型，节奏的运用方法。
课时安排：大课 1 课时，小课 8 课时。

第一节 理论概述

一、节奏的概念

节奏是由全篇文字生发出来的主播的思想感情的波澜起伏造成的抑扬顿挫、轻重缓急的声音形式的回环往复。

二、节奏的基本类型

节奏的基本类型有轻快型、舒缓型、凝重型、低沉型、高亢型、紧张型等六种。对于电商主播来说，轻快型节奏多用于分享美食、身边好物；舒缓型节奏多用于介绍美景、分享美好恬淡的往事；凝重型节奏多用于批评性评论；低沉型节奏多用于回忆悲伤的过往或讲述沉重的故事；高亢型节奏在直播带货时用得比较多，但是不建议大家在直播间过于高亢，主播累，用户也累；紧张型节奏用得比较少。

三、节奏的运用方法

（一）欲抑先扬，欲扬先抑

在表达中，如果句子的语气、语势要扬起，前边的句子便要下抑；反之，可先扬起，再转为下抑。

（二）欲停先连，欲连先停

如果接下来的文字有必要的停顿，前面一定要推进语流，注意连接；如果接下来的文字要一气呵成，前面一定要有适当的停顿。

（三）欲轻先重，欲重先轻

在弱化声音之前，一定要先加重声音；在加重声音之前，一定要先弱化声音。

（四）欲快先慢，欲慢先快

重点句需要快时，前面句子则需适当减慢；重点句需要慢时，前面句子则需适当加快。快慢并不是单指一个语节，应该扩大些，甚至是多个句子。在加快和减慢时，不可使节奏千篇一律，应注意变化的多样性。

以上方法在语言表达中应灵活使用，不要拘泥于一种形式。

第二节　实训内容

一、轻快型

冬日街头美食

哪怕呼呼的北风刮起来了，也抵挡不住咱老百姓对街头美食的钟情与热爱。天再冷，也要走出门去，奔向那些街头的美食。

男女老少从小爱到大的首推冰糖葫芦。冰糖葫芦是很多人的儿时记忆，使劲儿把妈妈拉到摊位前，缠着妈妈买上一串，那红通通、圆滚滚、亮晶晶的山楂球，似乎就是串起来的幸福与甜蜜。现在的冰糖葫芦有了很多“兄弟姐妹”，草莓啊、山药啊、橘子啊、圣女果啊，都已经加入“冰糖裹一切”家族啦，看看有没有你喜欢的那一款吧！

再说说烤地瓜，啧啧啧，那香味，别提多馋人了。冒着热气的烤地瓜拿在手里，简直就是个“暖手宝”。尤其是特别烫的时候，左手倒到右手，右手倒到左手，一边倒手一边拿嘴吹，那种想赶紧吃到嘴里的急迫劲儿，现在想来还是很可爱。终于吃上一口，哇！热乎乎的，软糯香甜。有时候买个又大又圆的，拿回家用勺子挖着吃，有种莫名的满足感。

还有糖炒栗子，一定不能落下。刚炒出来的栗子装进纸袋，隔着纸袋的温度正好暖手。每一颗栗子都开了个小口儿，好像乐颠儿颠儿地来赴你的约会，扒开一个放进嘴里，香甜软糯，别提多美了。友情提示：追剧的时候不要吃，因为一吃根本停不下来！

训练提示 一位热心又热情的美食博主，开开心心地向你介绍冬日街头那些让人食指大动的美味，让人心情顿时明媚起来。如何通过语言向受众传递这份美食带来的快乐？除了内心情绪的调动，还要在外部表现上运用轻快的节奏，多连少停，用轻快的暖声，多扬少抑，多用上山类语势，并形成此类语气的回环往复。

二、舒缓型

幽谷书香，出道自带流量，这家藏在大山里的书屋民宿火了！（节选）

这是一家藏在大山里的书吧民宿，在植被覆盖率高达98%的森林氧吧里与自然为邻，和书香为伴。民宿坐落于九如山景区中枢位置，是海拔500米的“绿野仙踪”，拥有绝佳观景位。一面是密林环绕，可观山阅瀑的木屋书馆；一面是书香琳琅，可坐忘云海的林间野宿。沿木栈道步行5分钟便是泉城新八景之一的“九如听瀑”。

春观婀娜百花，夏看瀑布如练，秋阅旖旎红枫，冬赏绝美冰瀑。它是梦枕书香民宿，是不输江浙的野奢秘境。闻着木香，枕着书香，进入梦乡，来这里看书、听风、观山、读梦……

点一杯英式咖啡，在纯实木打造的木屋里，伴着俄罗斯樟子松的淡淡木香，慵懒地坐在北欧沙发上，在慢节奏里寻找生活的本真。

窗外清溪潺潺、山野青翠，峰岚雾气环绕、云水依依。屋内书阁壁柜、老木长桌、超大的落地玻璃窗，将浓秋窗外的红与绿碾碎在上面，煞是好看。这是木屋与山林独有的沟通，这是片刻的自我“放逐”，在这里不会被钢筋水泥禁锢，在这里只有与大自然的亲密交心。想象一下，在深山图书馆里阅读是怎样的一种体验。在身后书架上取一本想读的书，坐在面对森林的沙发上，闻着淡淡的古木香气，身与心都是一种享受。

（微信公众号：九如山浪漫野奢度假《幽谷书香，出道自带流量，这家藏在大山里的书屋民宿火了！》）

训练提示 九如山是泉城济南的一处著名景点，这里不仅有山峰、深潭、溪流、瀑布，还有文中描述的书屋民宿。这样柔美温婉的笔触决定了有声语言表达必用舒缓的节奏、温柔的暖声，以将那些徜徉在美景与书海中的惬意与慵懒娓娓道来。

三、凝重型

电商主播在直播的时候基本不会用凝重型、低沉型、紧张型节奏，但是有些引流视频表达可能会使用。为了让学生更全面地学习表达技巧，我们在训练中保留了这几种类型。

为什么我国禁止代孕

作为一个不关注娱乐圈的人，我都被这个新闻给震惊了，你们肯定知道我说的是什么事了。我今天不说他们俩，我来说一个发生在美国的特别有名的真实案件。美国ABC电视台

有一档节目叫作 *The view*，这个节目的主持人 Sherri 为了不耽误自己的演艺事业，和她的丈夫找了一个代孕妈妈为他们生孩子。这个主持人出卵细胞，她丈夫出精子，完成受精后植入那个代孕妈妈的体内。之后孩子生下来了，可是刚生下孩子不久，这名主持人就跟丈夫离婚了，并且她在离婚官司里表示，在社会关系和经济上都放弃对那个宝宝的抚养。而她的丈夫呢，也不愿付钱。这下糟糕了，孩子怎么办啊？当地法院一审判决，代孕妈妈作为孩子的生母，提供孩子的抚养费。可是代孕妈妈说，我要是有钱还去代孕吗？我连自己产后的医药费都付不起，怎么养这个孩子？这个官司在美国打了一年，法院后来重新判决，要求女主持人 Sherri 必须支付孩子的抚养费，而不能推脱给代孕母亲。当然我们说，这男的是什么好东西吗？代孕这种事一个巴掌拍得响吗？想要孩子了就找个子宫来生，不想要孩子了就把这孩子扔掉。为什么在咱们国家代孕是有悖人伦且违法的行为，原因就在这里。代孕是把女性当作生育工具随意践踏，把一个鲜活的小生命当作玩具可养可抛。

今天央视新闻的微博发了一段评论，前有代孕妈妈遭"退货"，后有某明星疑似代孕欲弃养。曝光录音中"打也打不掉，我都烦死了"，更令人愤怒。代孕在我国被明令禁止，其对生命的漠视令人发指。如此践踏底线，法律难容，道德难容。

（抖音号：王小川）

训练提示 任何对生命的漠视都令人发指。本篇评论意在通过对新闻事实的类比分析，对漠视生命者进行严厉批评："如此践踏底线，法律难容，道德难容。"

这种分析说理决定了基本节奏类型为凝重型，表达时应气息下沉，用声以实声为主，音色偏暗。

四、低沉型

我越来越像你了，父亲

清　歌

作为女儿，我一直相信
我与母亲更为亲近
但现在我发觉
我越来越像你了，父亲

这最初是从镜子里
显现出来的
眼睛、鼻子、嘴唇
都在某个瞬间
像极了你的青春

而后是，神情和动作
扶额、皱眉、微笑……
如果遮去，其他的部位
简直无法区分

而后是，善良、倔强、隐忍
你性格中所有闪光的部分
都已在
我的身体里扎根

来邀请你

只是最近
其他以前从未显露过的相像
越来越多了
仿佛是一个人
就要把一生的所有
全部倾倒给另一个人

我察觉到了这个秘密
我因此而恐慌
我怕当你倒空自己的时候
神，会感知到你的轻
会派出不容拒绝的风

我不能说出，我也不能哭泣
我要把更多新鲜的爱
还补给你
就像给你
另一个纯净的自己

你必须在身体内
重新养育这个新鲜的小女儿
这样
在她长大之前
谁也带不走你

训练提示 这首诗歌的表达呈现出低沉型节奏的起伏变化，从开始回忆“我越来越像你了父亲”，到情绪逐步递进“我察觉到了这个秘密，我因此而恐慌”，再到“我不能说出，我也不能哭泣，我要把更多新鲜的爱还补给你，就像给你另一个纯净的自己”的恋恋不舍，直至“你必须在身体内重新养育这个新鲜的小女儿，这样，在她长大之前，谁也带不走你”的执念，展现出作者对父亲的爱，循环往复，节奏鲜明。

五、高亢型

海 燕

高尔基

在苍茫的大海上，狂风卷集着乌云。在乌云和大海之间，海燕像黑色的闪电，在高傲地飞翔。

一会儿翅膀碰着波浪，一会儿箭一般地直冲向乌云，它叫喊着，——就在这鸟儿勇敢的叫喊声里，乌云听出了欢乐。

在这叫喊声里——充满着对暴风雨的渴望！在这叫喊声里，乌云听出了愤怒的力量、热情的火焰和胜利的信心。

海鸥在暴风雨来临之前呻吟着，——呻吟着。它们在大海上飞蹿，想把自己对暴风雨的恐惧，掩藏到大海深处。

海鸭也在呻吟着，——它们这些海鸭啊，享受不了生活的战斗的欢乐：轰隆隆的雷声就把它们吓坏了。

蠢笨的企鹅，胆怯地把肥胖的身体躲藏在悬崖底下……只有那高傲的海燕，勇敢地、自由自在地，在泛起白沫的大海上飞翔！

乌云越来越暗，越来越低，向海面直压下来，而波浪一边歌唱，一边冲向高空，去迎接那雷声。

雷声轰响。波浪在愤怒的飞沫中呼叫，跟狂风争鸣。看吧，狂风紧紧抱起一层层巨浪，恶狠狠地将它们甩到悬崖上，把这些大块的翡翠摔成尘雾和碎末。

海燕叫喊着，飞翔着，像黑色的闪电，箭一般地穿过乌云，翅膀掠起波浪的飞沫。

看吧，它飞舞着，像个精灵，——高傲的、黑色的、暴风雨的精灵，——它在大笑，它又在号叫……它笑那些乌云，它因为欢乐而号叫！

这个敏感的精灵，——它从雷声的震怒里，早就听出了困乏，它深信，乌云遮不住太阳，——是的，遮不住的！

风在狂吼……雷在轰响……

一堆堆乌云，像青色的火焰，在无底的大海上燃烧。大海抓住闪电的箭光，把它们熄灭在自己的深渊里。这些闪电的影子，活像一条条火蛇，在大海里蜿蜒游动，一晃就消失了。

——暴风雨！暴风雨就要来啦！

这是勇敢的海燕，在怒吼的大海上，在闪电中间，高傲地飞翔；这是胜利的预言家在叫喊：

——让暴风雨来得更猛烈些吧！……

训练提示 这是一篇散文诗，刻画了勇敢的精灵海燕的战斗英姿，深刻反映了1905年俄国革命前急剧发展的革命形势，歌颂了俄国无产阶级革命先驱不朽的形象和坚强无畏的战斗精神，号召广大劳动人民积极行动起来，迎接伟大的革命斗争。

第一段第一句表现的是一个远景，颇有“山雨欲来风满楼”之感。紧接着镜头拉近，从形状、颜色、角度表现了海燕矫健、勇猛的雄姿，从行动角度表现了海燕藐视恶劣环境的英勇气概。随着画面由远及近，声音表现要发生相应变化。这一段为本篇高亢型节奏奠定了基础。

咆哮怒吼的大海象征日渐觉醒的人民革命力量，暴风雨、乌云、狂风象征反革命势力和黑暗的社会环境，太阳象征无产阶级革命的胜利，海燕象征无产阶级先锋战士。作者满腔热情，赞美大海，赞美海燕。在乌云翻滚、白色恐怖猖獗的险恶环境中，海燕与海鸥、海鸭的怯弱、惊恐形成鲜明对比。高亢的节奏如行进中战士的步伐，昂扬有力。

大海主动出击，与雷声、闪电决一雌雄，海燕兴奋活跃，渴望暴风雨的来临，正是人民和无产阶级先锋战士革命坚定性和革命乐观主义精神的生动体现。海燕的两次大声疾呼，表达了海燕作为报讯者的欢快之情，作为胜利预言家的豪迈情怀。高亢的呼喊在文章的最后达到顶点，表达时应用尽全身心的激情与力量发出对革命的礼赞！

六、紧张型

山东栖霞笏山矿难:救援难度大 矿工安危牵动人心

杨兵　王娇妮

截至1月15日14时,距离山东栖霞矿难发生已过去120小时,为了22名被困矿工的生命,救援依旧在争分夺秒地进行。5天前,这座金矿发生爆炸事故,井下工人至今失联。

记者15日再次来到事发地,积雪融化后的土路十分泥泞。连日来,救援人员与各类机械设备,以及应急、消防、公安等车辆都经由这条四五米宽的土路奔赴救援一线。

走近救援现场,多台钻井机高高矗立,钻头不断地向地下钻探。从地面向下打钻,是为了给被困人员打通另一条生命通道,用于通风放气、传送给养。

爆炸发生于笏山金矿井下"一中段"(离井口240米),而22名矿工分别位于"六中段"(离井口698米)和"五中段"(离井口648米)。目前,共有6个钻孔在同时进行施救。截至15日12时,其中1个钻孔已完成进尺526米,离被困人员所在位置还剩100多米。

然而,随着深度增加,钻孔施工难度增大,由于地质条件复杂,岩层构造裂隙易造成钻孔"卡钻",导致个别钻机推进速度缓慢甚至停滞。同时,钻孔与巷道贯通后,如涌水量大,易造成井下水位提高,给被困人员安全造成威胁。救援指挥部正通过实时检测钻孔涌水量等及时调整施工方案。

顺着救援人员奔跑的路线向前,就来到了此次救援的中心区域——回风井井口。连日来,救援人员试图从这里打通通道,然而困难重重。

爆炸导致井筒内设施破坏,障碍物大量堆积,供风、供排水管路、供电和通信缆线以及梯子间设施脱落,相互搅在一起,还有矿车等堵塞在井筒中。据初步探测,堵塞厚度达7米,清障难度很大。

截至目前,对回风井井筒障碍物的清理,仍停留在距地面340多米。

记者在现场了解到,为确保清障过程中的人身安全,按照人与物不能混合提升的原则,提障时操作人员需撤离,这也导致了障碍物提升循环周期长。同时,为防止产生有害气体,目前只能采用液压切割机对电缆和钢丝绳进行切割、采用气割对金属障碍物进行切割,效率较低。

"不惜一切代价,穷尽一切手段,在现有技术条件下,继续采用多种方式,有针对性地解决救援困难,尽最大努力营救被困人员。"救援指挥部正不断调整方案,确保救援加速推进。

距离事故发生已5天,事故责任单位相关责任人因迟报矿难已被控制,等待他的将是严肃查处、严肃追责,事故原因也已同步启动调查,而矿工们的安危依然未知,牵动人心。

当日,山东栖霞又飘起雪花,新一轮降温即将到来,但救援一刻不停,救援队伍与设备不断增加,目前已有11支专业救援队伍和1支消防救援队伍,救援人员431人、各类机械装备265台套投入救援。救援人员头上不同颜色的安全帽,代表了不同的职责,但目标只有一个——为了22个矿工的生命。

训练提示 为了抢救22个矿工的生命，救援工作正在紧锣密鼓地进行。其中1个钻孔已完成进尺526米，离被困人员所在位置还剩100多米。然而，随着深度增加，钻孔施工难度增大、困难重重。当日，当地飘起雪花，降温即将到来，给救援工作又带来一重困难。等待救援的矿工命悬一线，令人紧张揪心。

本文节奏类型为紧张型，紧张严肃是文章的基调。第一段是新闻的导语，营造了紧张的氛围，此后的第二、三、四段，介绍了当下具体情况。在第五段，一个“然而”让气氛更加紧张起来，情况不容乐观。直到最后一段，“山东栖霞又飘起雪花，新一轮降温即将到来”，新的困难出现，被困矿工命悬一线，救援仍然在紧张行进中。

主要参考书目

张颂. 中国播音学[M]. 修订版. 北京：北京广播学院出版社，2003.
付程. 实用播音教程　第二册[M]. 北京：北京广播学院出版社，2002.

第四编

电商主播即兴语言表达训练

直播带货是借助网络平台，通过电商主播的推介来销售商品的。直播带货将“商品与人的对话”变成了“人与人”的对话，用户在这场对话中能充分体验到与电商主播之间的“交流感”和“参与感”。电商主播的即兴语言表达能力成为用户下单的重要推动力。

本编从词汇、修辞、思维方式、口头复述、口头描述、论证、购买心理、商品推介的开场话、完整的商品推介步骤九个方面展开理论讲述与训练，实践性极强，适合读者反复练习。

有志于成为电商主播的读者可以通过即兴语言能力训练、多看优秀主播的直播、多播多思考来提升自己的直播带货即兴语言表达能力。

第二十一章　善用词汇的能力训练

教学目的：学生掌握各类词汇的用法，学会在直播中更好地使用各类词汇。

教学要求：学生在实训中结合各类商品进行模拟带货练习，熟练地掌握各类词汇的用法。

重点难点：如何在直播中运用好各类词汇。

课时安排：理论讲述 1 课时，小课实训 8 课时。

第一节　理论概述

要想成为一名优秀的电商主播，一定要具备良好的即兴语言表达能力。那么如何做到表达流畅、有条有理、生动幽默、独树一帜？应该从最基本的语言砖石——词汇，开始学起。

一、使用好不同的词

（一）名词

1. 用名词短语代替冗长的品牌专业名称

主播和用户一般会将资生堂红妍肌活精华露称为“红腰子”，将兰蔻面部精华肌底液称为“小黑瓶”，将雅诗兰黛特润修护肌透精华露称为“小棕瓶”。这样用简短的名词短语代替冗长的品牌专业名称，可使产品名称变得形象、易记、易推广。

2. 用名词作比喻

我们经常听到“糖果唇釉”“丝绒唇膏”“雾面口红”等彩妆名词，在这些词组当中，前一个名词“糖果”“丝绒”“雾面”等修饰了后一个名词“唇釉”“唇膏”“口红”。其实这里使用了名词作比喻的方法，即主播用受众熟知的事物形容另一种陌生不容易描绘的事物，在用户的头脑中建立起直观形象的关联。

例句：

(1)还记得你的初吻吗？如果忘了也没关系，Sisley 魅惑口红上唇的触感让你一秒回到初恋！“First Kiss”技术，独特超柔滑液体凝胶质地，触碰双唇的瞬间，形成丝柔薄膜。

(2)涂的时候完全不用担心拉扯唇部肌肤，质地就像奶油一样滋润柔滑，介于水光唇和哑光唇之间，不干涩不油亮。

(3)31 号比 30 号更偏橘色，属于明度很高的三文鱼色，薄涂能中和嘴唇的暗沉，后续叠加别的颜色会更显色。

(4)20 号色，偏灰调的脏玫瑰色，满唇涂抹欧美范儿十足，不过颜色比较浅，可以把重点放在眼妆上，弱化唇妆，起到点睛的作用。

(5)25 号色，熟透的大葡萄，很正的深紫色，透露出一丝神秘气息。

(微信公众号：世界时装之苑 ELLE)

在以上句段中，“初恋”“奶油”“三文鱼”“脏玫瑰”“大葡萄”作为名词，起到了比喻的作用，生动形象地传达出品牌的魅力，引发用户的购买愿望。

3. “很”“十分”“非常”等程度副词+名词

在现代汉语语法中，程度副词一般不修饰名词。但是近年来，程度副词修饰名词的结构在口语中出现得越来越多。比如：很淑女、很贵族、很四川、很“林黛玉”。

事实上，“程度副词+名词”结构不但没有影响用户的理解，而且它因独特的表意功能和语用特点，被越来越多的人所接受，并在言语交际中广泛使用。

例句：

(1)这条长裙很淑女。

(2)这件大衣的上身效果很贵族。

(3)这道菜的味道很四川。

(4)这套汉服穿在身上的感觉就很“林黛玉”。

“淑女”有“美好、文静”的意思，“贵族”有“质感好、上档次”的意思，“四川”这个词自然让人想到“麻辣鲜香”的味道，“林黛玉”则让人想到“清雅、瘦削、我见犹怜”。

程度副词与名词结合，把商品具体化，既生动形象又简明含蓄。类似的例子还有很多，大家可以在练习中尝试使用。

(二)动词

在词汇的海洋里，动词是非常富有表现力的。托尔斯泰说过，在艺术语言中最重要的便是动词。如果你找到了准确的动词，那么就可以安心地继续写你的句子。精准的动词不仅能给文学创作带来生动的活力，而且在直播带货的语言表达中，能使主播的语言生动鲜活，充满画面感，具有浓郁的生活气息。准确使用动词不仅要求主播词汇量丰富，还要求主播具备良好的观察力。

例句：

(1)在冬日里推开这间蜗牛与麻布袋甜品店的门，浓浓的面包香气扑面而来，仿佛是在冰天雪地行走时，手中突然被塞入一杯冒着热气的咖啡，又或是满身疲惫的人一头钻进被太阳晒得蓬松的棉被，这种感觉只能用“舒服”二字来形容。

(微信公众号：济南攻略《吃过这家面包店，爱情都算不上什么》)

“塞入”，让人感到一种扑面而来的热情、不期而至的喜悦；“钻进”让人有一种踏踏实实、放下心来享受的闲适。

(2)不必说碧绿的菜畦、光滑的石井栏、高大的皂荚树、紫红的桑葚；也不必说鸣蝉在树叶里长吟，肥胖的黄蜂伏在菜花上，轻捷的叫天子(云雀)忽然从草间直窜向云霄里去了。单是周围的短短的泥墙根一带，就有无限趣味。油蛉在这里低唱，蟋蟀们在这里弹琴。翻开断砖来，有时会遇见蜈蚣；还有斑蝥，倘若用手指按住它的脊梁，便会啪的一声，从后窍喷出一阵烟雾。

(鲁迅：《从百草园到三味书屋》)

这段文字是不是非常生动活泼、富有乐趣呢？作者除了以儿童的眼光看待这里的美好与无穷的趣味外，动词的运用也十分精妙，比如长吟、伏、窜、低唱、弹琴、翻开、按住、喷出等。

(三)副词与形容词

生活中，我们经常会说“非常结实”“非常耐用”“十分漂亮”“十分优雅”“特别有效”“特别牢固”等“程度副词+形容词”的词组。在电商直播当中，这样的词组不是不可以用，但是仅有这样的描述就太枯燥了，用户不仅缺乏生动的直观感受，而且容易产生听觉疲劳。

如果你刚开始直播，一时还不会生动地描述商品，而是习惯性地使用这样的词组，那么建议你在后面展开形象的描述。

例句：

(1)这款丝巾特别经典，给宝宝们看一下，这款是千里江山图案，一眼望去，开阔大气。用料是桑蚕丝的，一米一的真丝大方巾，5A级桑蚕丝原材料，而且做的是一个高密度的手工卷边。

(2)这只口红的质地特别细腻，还记得你的初吻吗？如果忘了也没关系，这只口红上唇的触感让你一秒回到初恋！

如果只是翻来覆去地说产品款式很经典、口红质地很细腻，而没有后面形象细致的表述，那么用户是很难产生购买愿望的。

(四)象声词

象声词也叫作“拟声词”。在句子中恰到好处地运用象声词，能生动形象地表现事物的特点、人物的心情、动作的状态，使用户产生联想，产生身临其境的感觉。

例句：

(1)小麦粉、牛奶和黄油在酵母的作用下成为一体，在时间的催化下慢慢蓬松起来，各种奶油和果酱带来了丰富的变化和别样的口味。一口咬下去,口腔里有一种"嘭"地一下炸开的幸福感。

"嘭"地一下,让人感觉到这种幸福感直冲大脑,仿佛每一个味蕾都尝到了幸福的味道。

(2)小时候,最喜欢看妈妈炖排骨。土豆、芸豆、排骨,满满一大锅,不一会儿,香味就慢慢地从厨房里飘出来了。等锅里的排骨差不多熟了,汤汁就开始"咕嘟咕嘟"地冒泡泡。

"咕嘟咕嘟",你是不是已经通过这形象的声音,闻到了四溢的香气呢?

(五)方言

在恰当的时候使用方言往往能表达出普通话无法表达的效果,产生更加灵动、幽默、贴切的韵味。

例句:

(1)最后一批3D立体小沙弥来了,看一下他前面这个小脸,简直是太耐人了。

(2)厉害了啊,小兔子卖爆以后,介小狐狸又遭到一通疯抢。甭管你项链再多,没有这么一只灵动的小狐狸,完!白活!介似吃木瓜牛奶喝鲫鱼汤长大的,戴上那叫一个哇塞。

以上两段文字来自抖音号"静夜思的静哥工作室"。这位主播经常使用天津方言。大家都知道天津是"曲艺之乡",语言自带喜感。文中的"太耐人了"是太招人喜爱的意思,"介似"是"这是"的意思。主播甜美的笑容配上自带喜感的天津方言,让用户观看时有轻松愉快的体验。

(3)今天听说李子柒拍的泡菜视频被很多韩国人给怼够呛哈,这事我是这么理解的:我觉得这同一个东西在不同国家的文化里是不一样的。你比如说在东北吧,我们有点什么喜事,不管城市还是村里面,咱都要摆席庆祝庆祝。如果说在这个席面上出现了泡菜,或者跟泡菜相关的菜品的话,很有可能亲朋好友就拍桌子走人了,就连杯酒都不喝,急眼了,也太不把我当且(客人)了,居然上泡菜?咋说呢?上不了席面,最多算个围碟儿。

(抖音号:我是朱霞)

"怼够呛""且"都是地道的东北方言,凸显了主播敢说敢言、干脆直爽的性格,富有语言感染力。

(六)热词

热词就是流行的时尚词语,特点是新鲜、带劲、充满活力。热词不仅是一种语言文化现象,而且已经成为人们宣泄情绪、自我解压的一种方式。在电商直播当中,主播适当使用热词会让用户产生新鲜感和认同感。

例如:凡尔赛、爷青回、柠檬精、断舍离、后浪、神兽、尾款人、打工人、工具人、干饭人、云监工、种草、可盐可甜、看起来不太聪明的亚子、裂开、太可了、奥利给、啥也不是、名场面、YYDS、绝绝子。

需要注意的是,在直播当中,主播应恰当地使用热词,不要过度堆叠。

二、词汇的积累

词汇是语言的砖石，没有丰富的词汇储备，难以有生动形象的表达。那么，如何积累词汇呢？建议大家还是老老实实用笨办法，毕竟“好记性不如烂笔头”。

你可以在手机的记事本中设置一个单独的文档，当作你的“词汇档案库”，也可以用一个随身的小本子等其他你喜欢的方式，记下你看到的、听到的有意思的词句。

无论这些词句是来自直播、广告、影视剧、综艺节目、文学作品，还是来自朋友、家人、同事间的对话，都可以作为我们的灵感源泉。长此以往，我们在做直播的时候，就会感到轻松很多。毕竟就连那些头部主播，也经常通过看综艺、看广告积累新鲜有趣的词汇。

第二节　实训内容

一、在描述以下商品时，恰当使用名词（品牌、规格等信息自拟）

1. 润肤乳
2. 防晒喷雾
3. 面霜
4. 防晒霜
5. 洗面奶
6. 面膜
7. 口红
8. 粉底液
9. 保湿精华
10. 粉底刷

二、在以下场景的描述中，恰当使用动词

1. 冬天里的咖啡店
2. 夏天里的奶茶店
3. 校园里的运动场
4. 夏日的海边
5. 朋友的聚会
6. 垂钓的河边
7. 骑行的车道
8. 舞台
9. 篮球场
10. 滑雪场

三、在描述以下商品时，恰当使用象声词（品牌、规格等信息自拟）

1. 泡椒凤爪
2. 巧克力
3. 面包
4. 辣条
5. 榴梿蛋糕
6. 和田大枣
7. 螺蛳粉
8. 扒鸡
9. 橙子
10. 酸奶

四、在描述以下商品时，恰当使用方言（品牌、规格等信息自拟）

1. 蜜薯
2. 荷叶茶
3. 木耳
4. 蘑菇
5. 高粱饴
6. 砂糖橘
7. 玫瑰花茶
8. 小麻花
9. 陈醋
10. 即食墨鱼仔

第二十二章　修辞手法能力训练

教学目的：学生理解各类修辞手法的定义，学会在直播中使用各类修辞手法。

教学要求：学生在实训过程中大胆使用不同的修辞手法，增强语言的生动性、趣味性。

重点难点：在电商直播实践中娴熟地使用不同的修辞手法。

课时安排：理论讲述 1 课时，小课实训 8 课时。

第一节　理论概述

对于电商主播而言，语言是卖货的工具。若想具备独树一帜的语言风格，主播需要潜心研究和不断锤炼。让人听而不忘的金句绝不仅仅是排列好了主谓宾就可以的，这一节为大家讲述如何利用修辞手法"点句成金"。

一、什么是修辞手法

修辞手法，就是通过修饰、调整语句，使语言表达得准确、鲜明而生动有力的各种方式方法。

二、常用的修辞手法

（一）比喻

1. 什么是比喻

比喻就是"打比方"，即利用不同事物之间的某些相似之处，用一个事物来形容另一个事物。尤其是用一些具体的、浅显的、人们熟知的事物来说明抽象的、不易被人理解的事物。

2. 比喻的作用

用比喻对事物的特征进行描绘和渲染，可以使语言生动，使事物形象具体可感，给人以鲜明深刻的印象。

例句：

(1)这款香水初闻就像打开了雪后清晨的一扇窗，带着一些清新凛冽的味道。

(2)喷上这款香水之后，感觉自己像是变成了一个新鲜的橙子，清新又甜蜜。

(二)拟人

1. 什么是拟人

拟人就是把物当作人来描述，赋予物以人的动作、行为、思想、语言、感情，用描述人的词来描述物。

2. 拟人的作用

把事物当作人来描述，使具体事物人格化，语言生动形象。

例句：

(1)快看，这个小熊抱枕胖乎乎的大肚子、笑眯眯的弯弯眼，像不像在跟你打招呼："快来吧小主人，带我回家陪你一起玩吧。"

(2)你看这个大龙猫无辜的小眼神、柔软的胖肚子，最适合做你的小伙伴了。带它回家，每天一睁眼，它都会给你一个大大的拥抱。

(三)夸张

1. 什么是夸张

夸张是对事物的性质、特征等故意地、合情合理地夸大或缩小。

2. 夸张的作用

突出事物本质，加强某种感情，烘托氛围，加强渲染，引发联想。

例句：

(1)啊，好甜！甜蜜的情话都不如它甜，尝尝这块新疆的哈密瓜吧！

(2)这条百褶裙的上身效果就是熟女变少女，让你秒回十八岁。

(四)排比

1. 什么是排比

排比是由三个或三个以上结构相同或相似、内容相关、意义相近、语气一致的短语或句子排列起来，以增强表达效果的修辞方式。

2. 排比的作用

增强语气、气势，表达强烈的感情，有力地说明道理。

例句：

(1)有人说闻香识女人，我说闻香识女主人。你的生活值得柔软的沙发，值得精致的妆容，更值得别人看不到的香气。

(抖音号：王小骞家居生活馆)

(2)在这个星球上，闪耀着一片土地。它不是面积最大的，不是最平的，不是自然资源最丰富的，也不是河流最多的，但我却对这片土地爱得深沉。这片土地上有浪漫的诗人，这片土地上也有天才般的画家，这片土地上流传过很多的爱恨情仇，这片土地上也有很多的赤诚与热烈。我想把所有的历史故事都讲给你听，我想把所有的浪漫都写给你看，我特别想陪你去感受这片土地上发生的一切，比如北方飘着的大雪，比如南方的艳阳天。

(抖音号：东方甄选主播董宇辉)

(五)反语

1. 什么是反语

反语是指正话反说或反话正说，即通常所说的"说反话"。这是一种带有强烈感情色彩的修辞方式。

2. 反语的作用

不论是正话反说，还是反话正说，都比直白地表达更为有力，语气更为强烈，情感更为充沛，给人的印象也更加鲜明。

例句：

(1)米酒特别"娇气"，如果发酵过度味道会重，如果发酵不够又不够甜，所以需要岁月、需要老师傅们的智慧来精心调配。在经验和智慧当中，米酒被酿造得越来越香，所以，每个人拿到的米酒都是岁月积淀下来的精品。

(朱广权)

(2)这款超级可爱的手包也太"招人恨"了，我自己都忍不住下了好几单，给我妈、给我姐、给我自己、给我闺蜜，一人买了一个，我的钱包啊！

(六)反问

1. 什么是反问

反问就是无疑而问，用疑问句的形式表达确定的意思，答案就在问句中。

2. 反问的作用

反问表达的意思更坚定，具有强化语气、强化情感的作用。

例句：

(1)亲爱的宝宝们，此处不应该有掌声吗？

(2)姐妹们,这么可爱、这么招人稀罕的毛毛熊不应该人手一个吗?

(七)设问

1. 什么是设问

为了强调自己的看法或结论,有时先提一个问题,引起大家的注意和思考,然后由自己来回答问题,其实就是自问自答。

2. 设问的作用

设问可以提醒人们思考,或者突出某些内容。

例句:

(1)有多好吃呢?就是吃了一口你就停不下来!

(2)是因为我懒才不做饭吗?不,一定是因为厨具不好看。

(八)对比

1. 什么是对比

对比是把两种不同事物或者同一事物的两个方面,放在一起比较的一种修辞手法。

2. 对比的作用

对比可以把想要描述的事物凸显出来,给人一种更鲜明的形象感和差异感。

例句:

(1)现在市场上99块钱的卫衣我不敢说它一定是全棉的,但是9块9的卫衣我敢说它一定不是全棉的。

(2)真的羊绒衫纤维脆弱,用火烧一下一碰就掉了,掺了锦纶、涤纶之类的假羊绒衫用火烧,就会变成一个硬疙瘩。

三、押韵

在诗词歌赋中,某些句子的尾字用韵母相同或相近的字,使音调和谐优美,这种方法叫押韵。押韵是一种写作规范,不是修辞手法。但在直播中使用押韵法构句,不仅便于记忆,而且能使语言具有节奏感、趣味性、娱乐性。央视主持人朱广权不仅在新闻节目中常用这一方法,在直播带货时,也常使用押韵,带给用户全新的更具有娱乐性的语言体验。

例句:

(1)初来乍到,技术不高,手艺不妙,请多关照。

(2)不是我一惊一乍!真的又香又辣,好吃到晕倒的热干面令人不能作罢,舌头都要被融化,赶紧拢一拢你蓬松的头发!买它买它就买它。

(3)支持湖北我最拼,我为湖北胖三斤。

第二节　实训内容

一、使用比喻的修辞手法描述以下商品（品牌、规格等信息自拟）

1. 香水
2. 口红
3. 护手霜
4. 眼霜
5. 辣条
6. 八宝饭
7. 蛋糕
8. 抱枕
9. 羊绒围巾
10. 珊瑚绒毛毯

二、使用拟人的修辞手法描述以下商品（品牌、规格等信息自拟）

1. 卡通动物造型的胸针
2. 不同动物造型的毛绒玩具
3. 十二生肖造型的项链吊坠
4. 印有卡通小动物造型的陶瓷水杯
5. 儿童摇摇马
6. 会唱歌的摇摆兔
7. 长颈鹿儿童沙发
8. 琉璃天鹅摆件
9. 摇摆跳舞的仙人掌玩具
10. 卡通动物脚凳

三、使用夸张的修辞手法描述以下商品（品牌、规格等信息自拟）

1. 果冻
2. 果蔬脆
3. 奶粉
4. 牛轧糖
5. 脆皮五花肉
6. 大樱桃
7. 爽肤水
8. 儿童纸尿裤
9. 麦片
10. 加厚毛巾

四、使用排比的修辞手法描述以下商品（品牌、规格等信息自拟）

1. 黄鱼酥
2. 红肠
3. 鲜虾片
4. 玻璃杯
5. 防滑拖鞋
6. 迷你小风扇
7. 足浴盆
8. 颈椎按摩仪
9. 夏凉被
10. 全脸防晒帽

五、使用反语的修辞手法描述以下商品（品牌、规格等信息自拟）

1. 巧克力
2. 香肠

3. 茶
4. 咖啡
5. 酸奶
6. 啤酒
7. 真丝围巾
8. 手表
9. 双肩包
10. 老年健步鞋

六、使用反问的修辞手法描述以下商品（品牌、规格等信息自拟）

1. 水果玉米
2. 豆腐乳
3. 奶酪棒
4. 月饼
5. 棉袜
6. 手机
7. 戒指
8. 卫衣
9. 手机壳
10. 渔夫帽

七、使用设问的修辞手法描述以下商品（品牌、规格等信息自拟）

1. 帆布鞋
2. 女士皮包
3. 首饰盒
4. 速干衣
5. 减压笔记本
6. 钥匙扣
7. 存钱罐
8. 发饰
9. 蒸汽眼罩
10. 防晒霜

八、使用对比的修辞手法描述以下商品（品牌、规格等信息自拟）

1. 羊毛衫
2. 领带
3. 牛仔裤
4. 睡衣
5. 衬衫
6. 羊毛大衣
7. 皮夹克
8. 风衣
9. 女士皮靴
10. 男士皮鞋

九、使用押韵构句法描述以下商品（品牌、规格等信息自拟）

1. 藕粉
2. 咸鸭蛋
3. 紫皮大蒜
4. 哈密瓜
5. 铁棍山药
6. 黑木耳
7. 汉服
8. 牛肉干
9. 松子
10. 螺蛳粉

第二十三章　思维方式训练

教学目的：学生理解不同思维方式的定义，学会在直播中使用不同思维方式组织语言。
教学要求：学生掌握不同的思维方式组织语言的方法，并在实践中大胆运用。
重点难点：不同思维方式在电商直播实践中的运用。
课时安排：理论讲述 1 课时，小课实训 8 课时。

第一节　理论概述

思维方式在电商主播的即兴口语表达中非常重要。加强思维方式的训练，能够使主播的即兴语言表达思路更通畅、反应更敏捷、状态更活跃。

一、发散性思维

发散性思维是指思路以某一个点为圆心向不同方向发散，从而引出新的信息的思维方式。

例文：

“过新年，穿新衣，戴新帽，来双新鞋很必要。”还有三天就到一家人整整齐齐去拜年的时候了，当家作主、手握经济大权的姐妹们，家里人的新鞋买齐了吗？孩子的爷爷奶奶外公外婆为了你们的小家操心了一年，你没时间带老人去旅游的话，可以先给老人买双适合旅游穿的鞋啊！巴黎、土耳其咱去不了，可以先让老爸老妈穿上新鞋去跳跳广场舞，那跳起来可就更带劲儿了；老公一天天风里来雨里去的，脚下的这双鞋也该退役了，新鞋该准备上场了；孩子的新鞋一定不能少，跑起来虎虎生风就靠脚下这双好鞋呢；咱也别委屈了自己，生活中有些事可能咱说了不算，可是脚底下舒不舒服，咱一定得说了算。×××品牌的新年大促专场，今晚七点开播，价格将打破以往所有底线。姐妹们，全家人的新鞋就在这里一站买齐啦！

这段文字采用发散性思维方式行文,中心是过新年要买新鞋,然后向买给老人、买给爱人、买给孩子、买给自己这四个方向发散,很容易让手握采买大权的女性用户产生给全家人买新鞋的愿望。

二、集中性思维

集中性思维是汇聚多个信息,从其共性中产生结论的思维方式。

例文:

法国作家波伏娃写道:暧昧的香气,是我营造的温柔陷阱。第一次拥抱时,就要他永远记住我。

《东邪西毒》里,王家卫在片尾留下一枝桃花,同样引人遐想:让东邪和西毒念念不忘的,是某个女子身上,淡淡的桃花香。

为了营造若有似无的撩人淡香,新晋香氛品牌×××推出年度限定——“四季开挂”固体香水系列。

(微信公众号:丰巢智能柜)

这段文字采用集中性思维的方式,从波伏娃笔下的香气、王家卫片尾留下的桃花,引出香水新品牌,提升了这款香水的格调。

三、逆向思维

逆向思维是指与人们的常规思维反向而行的一种思维方式。

加强逆向思维训练,能够帮助电商主播在向用户推荐商品的时候,打破原有的思维定式,突破常规观念的束缚,在求异思维中找到新的角度,让用户产生新鲜感,进而产生购买愿望。

例文:

刘小姐为自己订了一套×××护肤品,她说年底了,想给自己一份略昂贵的可心的礼物。她不想像以前一样,过个春节给老人、孩子、老公买买买,为亲戚朋友买买买,到最后往往心疼钱包就会委屈了自己。姐妹们,当家人收到新年礼物时,老人惊喜、孩子开心、爱人满意、亲戚高兴,但是看看自己又多了一条细纹的眼角,咱们也要对自己说:在爱家人朋友的同时,也不要忘记爱自己。

这段文字采用了逆向思维方式构篇。中国传统女性的观念是,在物质方面所有家人都比自己重要,尤其是在春节前,一定会把全家老小、亲戚朋友的礼物都安顿好,才会想到自己。如果预算有限,那就选择忽略自己。但是,又有哪位女性不希望自己也被关爱呢?这段文字利用逆向思维,提出“在爱家人朋友的同时,也不要忘记爱自己”,容易引起女性的共鸣,让女性产生“我也要对自己好一点”的想法,进而购买产品。

第二节　实训内容

分别使用发散性思维、集中性思维、逆向思维完成对以下商品的推介，或者使用其中一种思维方式讲一个与此商品有关的故事（品牌、规格等信息自拟）

1. 香水
2. 羽绒被
3. 睡衣
4. 毛巾
5. 奶糖
6. 巧克力
7. 青团
8. 饼干
9. 黑芝麻糊
10. 汤圆
11. 香薰
12. 项链
13. 戒指
14. 中性笔
15. 羊绒大衣
16. 碳烤牛肉粒
17. 黄桃
18. 眉笔
19. 眼霜
20. 跑步机

第二十四章 口头复述能力训练

教学目的：学生理解口头复述的定义，掌握口头复述的基本方式。
教学要求：学生在实践中使用不同的口头复述方式组织语言。
重点难点：创造性复述。
课时安排：理论讲述1课时，小课实训8课时。

第一节 理论概述

电商主播在带货过程中，要把商品的质地、功能、特点等信息以即兴语言的形式表述出来。电商主播的口头复述就是一种把经过理解、加工的商品信息，转换为口头语言表达出来的过程。复述训练可以培养主播的创造力、想象力和逻辑思维能力。注意复述必须以原材料为基础，不能胡编乱造。

一、口头复述

口头复述是指把看过的、听过的内容用口头叙述的方式重述出来。

电商主播在直播带货时要忠实于商品的原始信息，不得更改、调换数据和主要内容，但又不能机械背诵，应该在理解的基础上，突出重点，重新组织语言，用自己的话转述原有商品信息。

二、口头复述的基本方式

（一）详细复述

详细复述是对商品的信息进行仔细的复述，严格遵照厂商提供材料的内容、顺序、结构，表达得完整、准确、清楚。在此基础上，主播可以适当将复杂的语法结构调整得简单些，或将长句转化为短句,将书面语转化为通俗易懂的口语。

除了训练复述商品信息的能力,主播还应当提高复述故事、新闻等不同体裁内容的能力,因为在直播带货的过程中,可以穿插品牌故事、与产品相关的趣闻等内容,以增加直播的趣味性和娱乐性。

持之以恒、循序渐进地进行详细复述训练,可以提高记忆力,加强语言的逻辑性,使语言表达更有条理和连贯。

(二)简要复述

简要复述是对原材料进行分析、综合,概括出中心、主干、要点,复述出原材料的简要内容。

简述记叙性材料,比如故事类体裁,要抓主要人物、事件发展的主线。

简述新闻类材料,要抓住新闻的要素,尤其是新闻的核心内容。

简述说明性材料,要抓事物的特征、本质、功能。

简述议论性材料,要抓论点、论据。

简要复述训练可以帮助主播进一步提高语言的归纳、概括能力,使直播时的即兴口语表达更自然、丰富、流畅。

(三)创造性复述

创造性复述是在原材料的基础上,根据表达目的、要求,对内容、形式、文体做创造性的变换和扩充的复述方式。

1. 变换人称复述

电商主播经常在带货时使用的方法是,谈个人与商品之间的故事,或者是其他人与商品之间的故事,以增加商品的真实性,增加语言的娱乐性和趣味性。这时,主播就会用变换人称复述这种创造性复述方式。所谓变换人称,就是把原材料当中的第一人称“我”,改为第三人称“他”,或者把原材料当中的第三人称“他”改为第一人称“我”。

例文:

张先生的定制皮包做好了,大气优雅,右下角是妻子名字的首字母。相信很多人,包括我,都希望拥有这样一份坚定的爱情和独一无二仅属于自己的温暖礼物。张先生说,妻子陪伴他一起走过了三十年,为这个家操劳用尽了最好的年华。都说“包治百病”,妻子也喜欢包,但是因为家庭需要花销的地方多,她舍不得为自己买稍微贵一些的包。三十年是珍珠婚,张先生说,他送给妻子这个定制包包,是想告诉妻子,无论多少年过去,她都是自己心中独一无二的珍宝。

这是主播从第三人称角度讲的关于定制皮包的故事。将原来定制者张先生从第一人称角度讲的故事，转换为第三人称视角讲述，不仅是对客户张先生的尊重与祝福，而且赋予了商品更多的情感色彩，皮包因此而带有幸福感。

2. 变换结构复述

变换结构复述是电商主播带货讲故事的时候，改变原材料的叙述顺序。比如为了增加悬念，把顺叙改为倒叙；为了使逻辑清楚、开门见山，把倒叙改为顺叙等。

例文：

小郭的母亲能下地走路了，他却高兴地给妻子买了件羊绒大衣。这是怎么回事呀？原来半年前，小郭的母亲因为骨折，卧病在床不能自理。小郭因为经常出差，没有时间照顾老人，所以都是妻子小谢在照料。老人上周能自己慢慢走了，小郭很感谢爱人这半年来的辛劳付出，于是特意为爱人挑选了这件羊绒大衣。他怕自己买的不合身，还偷偷拿出妻子平时穿的大衣，量好尺寸才下的单。

例文以倒叙的手法开始讲述，"小郭的母亲能下地走路了，他却高兴地给妻子买了件羊绒大衣"。大家会不由自主地想"不是应该给老人买件礼物吗？"悬念吸引大家继续观看。后来大家明白了，原来是小郭为了感谢妻子辛苦照顾母亲而买的礼物。美好的结局不仅让大家分享了小郭与妻子相濡以沫的幸福，同样也让推介的商品载满爱意。

3. 变换语体复述

电商主播带货时，为了增加直播的趣味性和娱乐性，可以尝试把诗歌、文言文等改为口语化的表述。

例文：

大家都听说过苏东坡和东坡肉之间的故事，其实作为资深吃货，苏东坡还喜欢吃生蚝。人虽被贬，但是精气神儿非常人可比。他把生蚝和酒放在一起煮，发现味道特别鲜美。他还拿更大个的生蚝，放在火上烤。不试不知道，一吃停不掉。他发现这比用酒煮还要好吃，于是他给自己的儿子苏过说，生蚝可太好吃了，但你千万别告诉别人，尤其是我在朝廷里的那些同僚，万一他们馋了，都跑来和我抢，那可怎么办。这种乐观也真是没谁了。今天这条视频教教大家怎么调吃生蚝用的蘸料，和东坡先生一起尝尝这人间美味。

元符二年(1099 年)，苏轼写下《食蚝》一文："己卯冬至前二日，海蛮献蚝。剖之，得数升。肉与浆入水与酒并煮，食之甚美，未始有也。又取其大者，炙熟，正尔啖嚼……每戒过子慎勿说，恐北方君子闻之，争欲为东坡所为，求谪海南，分我此美也。"在这段古文的基础上，主播做了变换语体的创造性复述，把古文变成了一个有趣的故事。于是，调蘸料这件事顿时因为这个故事变得生动有趣起来。

4. 扩充性复述

有时原材料可能只有简单的枝干，主播便需要在原材料的基础上，经过合理的想象和联想，丰富细节、扩展情节，增加修饰性、说明性的内容等，这就是扩充性复述。

例文：

冬奥会开始了，任谁也没想到，冰墩墩彻底火了，成为冬奥会名副其实的“顶流”。无论线上还是线下，它用实力展示什么叫“一墩难求”！它长啥样啊？这么招人爱？它的眼睛大大的，眼神萌萌的，体感软软的，手是胖胖的，腿是短短的，衣服是超能的，头盔是透明的，装饰是带彩的，走路是摇摆的，猛一看像航天员，细一看是吉祥物。哇塞！你千万不要和它对视超过三秒，再看它再看它，你的心就会被它融化。此小胖就是2022年北京冬季奥运会的吉祥物冰墩墩(Bing Dwen Dwen)。

“冰墩墩(Bing Dwen Dwen)是2022年北京冬季奥运会的吉祥物。它将熊猫形象与富有超能量的冰晶外壳相结合，头部外壳造型取自冰雪运动头盔，装饰彩色光环，整体形象酷似航天员。”这段话引自百度百科，例文是根据百度百科对冰墩墩的简单介绍做的扩充性复述，语言鲜活灵动，更能吸引用户的关注。

第二节　实训内容

一、自选新闻或故事，先做详细复述练习，再做简要复述练习

二、变换人称复述练习（分别围绕以下商品，从第一人称、第三人称角度，讲述故事）

1. 一件毛衣
2. 一条围巾
3. 一双运动鞋
4. 一袋牛肉粒
5. 一个枕头
6. 一盒普洱茶
7. 一盏台灯
8. 一本书
9. 一盒奶糖
10. 一个大容量保温杯

三、变换结构复述练习

自选社会新闻，分别以正叙、插叙、倒叙方式，进行变换结构的复述练习。

四、变换语体复述练习（用口语化的形式复述以下成语故事）

1. 老马识途
2. 负荆请罪
3. 纸上谈兵
4. 三令五申

5. 围魏救赵
6. 一字千金
7. 退避三舍
8. 一鼓作气
9. 暗度陈仓
10. 悬梁刺股
11. 背水一战
12. 凿壁偷光
13. 刻舟求剑
14. 叶公好龙
15. 沧海桑田
16. 了如指掌
17. 拔苗助长
18. 一叶障目
19. 高山流水
20. 秉烛夜游
21. 白云苍狗
22. 青梅竹马
23. 镜花水月
24. 夜郎自大
25. 管鲍之交
26. 卧薪尝胆
27. 完璧归赵
28. 毛遂自荐
29. 霸王别姬
30. 昭君出塞
31. 弃笔从戎
32. 三顾茅庐
33. 请君入瓮
34. 指鹿为马

五、扩充性复述练习

1. 做练习四时,结合故事中的人物进行合理的想象扩充。

2. 对下列社会新闻进行扩充性复述练习。

(1)5 月 1 日,广东东莞一名儿童在影院散场时跑到影幕前对影幕进行激烈踢打,前后共 5 次,造成影幕变形损坏。监控视频显示,整个过程并无家长上前阻止。

(2)“五一”假期,踏足郊野的露营生活受到许多人追捧。但与此同时,也出现了一些不文明现象,比如,肆意损坏花草树木,违规使用污染环境的炊具,从事具有较大安全隐患的活动,露营结束后留下一大堆生活垃圾,等等。

(3)“感动中国 2021 年度人物”陈贝儿创作了纪录片《无穷之路》,这部纪录片以中国香港媒体人的视角记录了中国内地扶贫的故事。由 5 个人组成的团队,经历 3 个月的时间,深入了解了 10 个重度贫困地区。作为主持人的陈贝儿可以说是用自己的脚步丈量出了这部《无穷之路》。

(4)2022 年初,中央网信办开展了为期 1 个月的“清朗 · 2022 年春节网络环境整治”专项行动,其中排在首位的就是处理“网络暴力、散播谣言等问题”。

(5)“太惊艳了”“美哭了”“简直每一帧都是一幅古画”“看完直接从文化自信走到文化膨胀了”。这是除夕夜春晚《只此青绿》播出时,观众不断刷屏的字幕。

3. 自选社会新闻进行扩充性复述练习。

第二十五章　口头描述能力训练

教学目的：学生理解口头描述的定义，具备在直播中使用不同感觉描述商品的能力。
教学要求：学生在实训中调动丰富的感知觉进行即兴描述，增强语言的形象性、生动性。
重点难点：不同感觉的描述方式在电商直播中的运用。
课时安排：理论讲述1课时，小课实训8课时。

第一节　理论概述

口头描述能力是电商主播必须具备的基本能力。主播描述得越生动有趣，越具有吸引力，就越容易激发用户的购买愿望。另外，现在用户看直播带货并不仅仅是为了购买商品，同时也有休闲娱乐的目的，所以，主播们的语言能力就更加重要了。

一、口头描述

口头描述是通过观察，将描述对象的特征及形态，用生动形象的语言叙述出来的一种口语表达方式。它可以将描述对象呈现得更加直观具体、生动形象。

口头描述需要快速地完成由"看"到"想"到"说"的过程。在这个过程中，主播要充分发挥感觉器官的作用。人类的五大感觉是视觉、听觉、嗅觉、味觉、触觉，主播调动丰富的感觉来描述，能有效加强表达效果。当然，描述一种商品的时候，这五种感觉不一定都能派上用场，主播可以根据需要适当选择。

二、五种感觉的分类举例

（一）视觉

例文：

（1）姐妹们，你确定不是拎着一串冰葡萄出门了吗？看，这只包是不是像一串冰葡萄，冰冰透透的？看一眼心里都凉快。你再看看它的包链，手拎或者单肩挎是不是像个珍珠配饰？就像手里握着或者肩上搭着一条珍珠手链或者项链一般。穿上你的裙子、戴上你的墨镜，背上它，你就是夏日镜头里的抢镜美女！

如果仅仅是夸包包“特别好看”，那么这种描述就比较平淡，而“像一串冰葡萄”让画面顿时灵动起来，“一条珍珠手链或者项链”的描述就更增加了优雅美感，“夏日镜头里的抢镜美女”给背这个包包的人设置了一个时尚的环境，青春洋溢，容易引起用户的购买欲。

(2)北京张一元茶叶有限责任公司的前身张一元茶庄，是京城著名的老字号。走进店里，您不仅能闻到沁人心脾的茶香，单说这手动包茶的手艺，您看了都是一种视觉享受。师傅们把这包装纸铺得四四方方的，把称量好的茶叶麻利儿地往纸上一倒，人家的手是真巧，就这么来回几个对折，您还没等看清楚是怎么折的呢，就利利索索地给您包好啦！这包好的茶包叫“元宝包”，一听就透着八方来财、富贵吉祥的好彩头。您看着师傅们翻来折去很简单是吧？咱们自己上手试试吧，得，一看就会，一学就废，师傅们的功力那可都是练过的。

“铺纸”“倒茶”“包茶”，这一系列的动作行云流水，扑面而来的生活气息拉近了主播和用户之间的距离。拍视频的时候，主播不能认为用户反正看得见，就不用描述那么多了。其实，有些画面配合生动有趣的语言，会更加吸引用户的注意，增加好感。另外，有的信息是观众看不见的，需要主播补充。比如包好的茶包叫“元宝包”，透着好彩头，这就不是简单的视觉描述了，更增加了对画面背后意义的解读。

（二）听觉

例文：

记得有一次我去自贡的豆瓣酱厂参观，一大排酱缸在太阳底下发出那种窸窸窣窣的气泡破碎的响声，我读得懂它们的语言，那是成长的声音。

（刘梦遥）

一排排酱缸，原本是平平无奇的画面，“发出那种窸窸窣窣的气泡破碎的响声”，赋予了这个画面神奇的生命力量。

（三）嗅觉

例文：

(1)用这种发酵的面肥和面烤出来的面包，表皮脆硬，内部柔软湿润，大小不一的气孔之间带着蜂蜜味、香草味、坚果味，还有有机物带来的那种微酸。当你咀嚼的时候，面包和牙齿之间的那种令人愉悦的阻力，正是面团经历了发酵之后特有的筋骨。

（刘梦遥）

蜂蜜味、香草味、坚果味、有机物带来的微酸，这些嗅觉感受的描述，成功地让人们的味蕾开始跳舞，垂涎欲滴。

(2)拿一个熟透的牛奶木瓜轻轻沿着中线切开,清新的果肉香气扑鼻而来,如同雨后清新的草木气息,夹带着一丝香甜。

“雨后清新的草木气息,夹带着一丝香甜”是生动的嗅觉描述,令人仿佛能闻到这迷人的气味,忍不住想下单。

(四)味觉

例文:

(1)这道菜叫作风味扁面包,最上层是黑松露的碎屑。松露的味道非常特别,好像没有哪种食物可以像它一样,既陈腐又清新。刚刚尝的时候你会觉得吃到了春天刚破土的青草味,但是转瞬之间好像又呈现出一种百年陈木的老旧的气息。

(刘梦遥)

“既陈腐又清新”“春天刚破土的青草味”“百年陈木的老旧的气息”,这些味觉描述不仅非常优美,而且很有质感,生动得让人忍不住想赶紧买回家尝一尝。

(2)吃一口比脸还大、比蜜还甜的大杧果,毫无疑问是新年初始最期待的事情。纤维含量极高的金煌芒细腻中带着弹性,QQ弹弹,吃起来像果冻一样,会duang——嘶溜几下,能消解过年积攒的油腻。

(微信公众号:丰巢智能柜)

与上一段描述比较,这段描述是另一种活泼、接地气的风格。不仅有“QQ弹弹,吃起来像果冻一样”的比喻性描述,而且用了时下年轻人喜欢的“duang——”这样的象声词,更容易吸引年轻的消费群体。

(五)触觉

例文:

(1)当你想懒懒地做一个好梦的时候,这件珊瑚绒睡衣能温温柔柔地包裹住你,你好像又变成了一个小婴儿,躺在妈妈温暖的怀里。

“你好像又变成了一个小婴儿,躺在妈妈温暖的怀里。”这样的触觉描述瞬间让人体会到产品柔软、舒适的特点。哪个人不想在忙碌一天之后,到家有这样一种暖暖的感觉呢?

(2)套上手膜后,像是厚厚地抹上了一层护手霜,持续不断地在滋养肌肤。我第一次试用就有种倍受呵护的感觉,双手像新生宝宝的手一样嫩嫩的。轻抚手背,软软的,又顺又滑。

“像新生宝宝的手一样嫩嫩的”“轻抚手背,软软的,又顺又滑”,这些触觉描述让人很容易有代入感,甚至忍不住看看自己的手是不是已经粗糙了,是不是也该呵护一下,给自己的手来一次深度滋养。

第二节 实训内容

一、调动你的视觉、听觉、嗅觉、味觉、触觉，对下列商品进行描述（品牌、规格等信息自拟）

1. 香水
2. 口红
3. 腮红
4. 唇釉
5. 隔离霜
6. 螺蛳粉
7. 哈密瓜
8. 罐装麻辣小龙虾
9. 自热小火锅
10. 牛肉干
11. 辣条
12. 油桃
13. 板栗南瓜
14. 泡椒凤爪
15. 大樱桃
16. 汉服
17. 真丝大方巾
18. 羊绒衫
19. 珊瑚绒睡衣
20. 女士真丝衬衣
21. 文具盒
22. 手表
23. 耳机
24. 音箱
25. 手链
26. 发饰

二、调动你的视觉、听觉、嗅觉、味觉、触觉，描述你在旅游、聚会时遇到的一个场景或一个故事

三、调动你的视觉、听觉、嗅觉、味觉、触觉，描述你喜欢的一家餐馆或服装店

第二十六章　论证能力训练

教学目的：学生理解不同的论证方法，具备在直播中使用不同的论证方法来组织语言、推介商品的能力。

教学要求：学生在实训中使用不同的论证方法组织语言、推介商品。

重点难点：比喻论证、类比论证。

课时安排：理论讲述 1 课时，小课实训 8 课时。

第一节　理论概述

一、举例论证

举例论证是指列举确凿、充分、有代表性的事例来佐证、推介商品。电商主播在直播的过程中，经常会用自己或者家人朋友的例子来佐证，当然也可以用其他事例来佐证。注意举例一定要真实。

例文：

(1)想减肥但是又不想嘴里太没味道的朋友们，这个低脂油醋汁是我反反复复、踩雷无数找到的，我个人试吃最好吃的一款。只要配上它，再没味儿的清水煮菜也会瞬间有灵魂。它超级爽口、久吃不腻，在家随便煮点菜，再加上这个油醋汁，你会感觉自己离当厨师不远了。

以个人的亲尝、亲试举例，容易产生推心置腹的交流感，获得用户信任。

(2)1896 年，张裕公司开始酿造中国第一瓶白兰地，并于 1914 年正式上市发售，命名为“可雅白兰地”。1915 年，可雅白兰地夺得了在美国旧金山举办的巴拿马万国博览会金奖。2019 年，可雅白兰地在德国杜塞尔多夫酒展期间问鼎“全球白兰地 XO 盲品赛”冠军。

这段话用可雅白兰地所获奖项作为例证，充分证明了产品的品质。

二、引用论证

引用论证是引用权威数据、名人名言、诗文名句等来佐证、推介商品,以增强语言表达的趣味性、权威性,吸引用户。

例文:

(1)有人在我的视频下方留言问我,你家这个蘑菇气垫真的这么好用吗?我想说,这个蘑菇气垫已经卖了100万件,不试试你怎么知道呢?

引用数字“已经卖了100万件”使用户产生信任感。

(2)“才饮长沙水,又食武昌鱼。”冲着武昌鱼的名气咱也要买它,哪怕不吃,收藏也行啊!

朱广权引用毛主席诗词《水调歌头·游泳》来推介武昌鱼,大家听了一定也想尝一尝吧。

三、比喻论证

比喻论证是找到两个事物的类似点,用一个事物比喻另一个事物,从而佐证、推介商品。

例文:

这件羊绒针织毛衣,100%阿尔巴斯山羊绒,贴身穿的时候,软软地贴着皮肤,就像是被云朵拥抱着。

用“被云朵拥抱着”来比喻羊绒针织毛衣的贴肤触感,把抽象的触感形象地表述出来,并且进行了浪漫的美化,展现了衣物的舒适性。

四、类比论证

类比论证是通过已知事物(或事例)与跟它有某些相同特点的事物(或事例)进行比较类推,从而佐证、推介商品。

例文:

它(棉被)的面料表面有一层细细的绒毛。别小看这层绒毛,被子的舒适感在很大程度要归功于它。因为表层的绒毛,被子摸上去柔柔的、茸茸的,有点儿像羊绒衫的触感,贴身盖比睡衣还要轻柔舒服。

(微信公众号:我的一条)

棉被、羊绒衫、睡衣都是纺织品,描述棉被的时候,用“羊绒衫的触感”“比睡衣还要轻柔舒服”做类比,就更加直观,容易被用户理解。

五、因果论证

因果论证是通过论证事物发展的因果关系，揭示事物发展的规律。

例文：

这款鹅绒居家服保暖好，吸汗又透气，穿着不会觉得闷。这一切得益于羽绒独特的结构。将羽绒的绒丝放大了看，可以看到每一根绒丝的表面都有无数的细小毛羽。这些小毛羽表面又藏有数不清的细小微孔，这些微孔承担了透气吸湿的作用，身体散发的汗气都会被它吸走，穿着它很暖，但不会觉得闷热不透气。

（微信公众号：我的一条）

这段话的第一句就是"果"，后面的内容则是"因"。正因为羽绒独特的结构，所以这款居家服保暖效果好，吸汗又透气，穿着不会让人觉得闷。如果只介绍"果"，大家会感觉它与其他居家服也没什么区别，但是像这样把"因"说透彻，就会让用户感到真实、可信。

六、反驳论证

反驳论证是用自己的论证推翻别人的论证。对于电商主播来说，常用的反驳论证就是用真材实料的展示或者官方检测报告等可以举证的东西来反驳对商品的错误评价。

例文：

有的人说我们家一百多元的包包不可能是真皮的，我就给大家直接用剪刀在现场剪开一个，看看我们一百多元的包包到底是不是真皮的。（真实剪开的展示）现在，我剪开了，大家看一下这个皮子的茬口，仔细看看是不是真皮的。另外，这是我家包包的广检证书。（给证书推特写镜头）

这是典型的用真材实料的展示以及检测报告来打消用户对商品的疑虑，十分具有说服力。

七、对比论证

电商主播在直播带货时往往会在区别优质商品与劣质商品、真货与假货时，使用对比论证，通过对比，鉴别优劣、真伪，从而赢得用户信任。

例文：

所谓隔行如隔山，姐妹们经常因为不懂如何鉴别真丝而受骗上当，今天这条视频就给姐妹们做个简单的常识普及。燃烧鉴别这种方法呢，说实话，大家一般不舍得把新买的丝巾或者衣服拿来烧，我们就先用最简单的"看"这种方法。这是两条丝巾，一条是蓝色碎花的真丝丝巾，一条是绿色碎花的仿真丝丝巾。这条蓝色的，看上去光泽很柔和也很自然，明亮但是不刺眼；再看这条绿色碎花的，虽然它的光泽也很明亮，但是不柔和而且有点刺眼，像是涂了一层蜡。

用真丝丝巾与仿真丝丝巾做对比，真伪一辨即知。其他商品的辨别也可以采用这种对比论证的方法，逻辑清晰，真实可信。

第二节 实训内容

一、分别使用不同的论证方法，推介下列商品（品牌、规格等信息自拟）

1. 餐具
2. 老年健步鞋
3. 防晒服
4. 运动休闲裤
5. 燕麦片
6. 菜刀
7. 男士内增高皮鞋
8. 蜂蜜柚子茶
9. 自嗨锅
10. 榴梿
11. 湿厕纸
12. 羽绒服
13. 绿茶
14. 电动牙刷
15. 面巾纸
16. 粉底液
17. 咸鸭蛋
18. 方便面
19. 充电宝
20. 拖把

二、自带五件同品类商品，在课上做直播带货的模拟训练，并将学过的论证方法运用到商品推介中

第二十七章　把握用户购买心理的能力训练

教学目的:学生掌握用户不同的购买心理。

教学要求:学生在实训中依据用户的不同购买心理来组织语言、推介商品,增强用户的购买意愿。

重点难点:潮流心理、权威心理。

课时安排:理论讲述 1 课时,小课实训 4 课时。

第一节　理论概述

电商主播在直播带货的过程中,必须了解用户的购买心理。因为只有充分了解和掌握用户的购买心理,才可以更好地把话说到用户的心里,最终促成下单,提升销量。

一、廉价心理

这是一种希望"钱花少一点,事办多一点"的购买心理,主播在推介商品的时候要在价格对比上满足用户的购买心理。

价格敏感用户在选购商品时,一是会对商品价格进行反复比较,二是喜欢选购打折促销商品,主播在直播前要做好准备。另外,福利商品或者是打折力度要反复提及,因为会不断有新用户进入直播间。

例文:

今天来到我直播间的朋友们,加关注,加入粉丝团,就可以抢购我们今天的福利款包包。原价 788 元的这款托特包,今天我不要你半价 399 元,也不要 299 元,连 199 元都不要,今天来到我直播间的朋友们,只要加关注,加入粉丝团,就可以抢购我们今天的福利款托特包,三个颜色:米色、白色、咖色。马上要过年了,给粉丝们一波新春福利,今天在我们直播间只要 99 元。

与原价相差非常大的优惠,对用户来说是很有诱惑力的。毕竟“包治百病”,用户面对好看还便宜的包,往往会下单。

二、实用心理

有的用户不追求华而不实的东西,而是追求商品的实用性。向这样的用户推介商品的时候,要注重从商品的质量、性价比等方面去讲。

例文:

朋友们,这几天我这里降温了,你那里冷不冷呢?超级抗冻的我这两天也屃了,穿上了卫衣、棉服。这款卫衣看上去很随意,但绝对是一个时髦的“小心机”。

它不仅可以外穿,还可以做内搭,随便在外面穿件外套,都会很有个性,还很减龄。如果和朋友约会,一起吃饭或者逛街,进到室内,脱掉外套,一件卫衣依然可以让你保持青春的风采。

今天给大家上架的这款卫衣真的好看又实用,有奶茶棕、粉色和米白色,配色很高级。先来看粉色的这件,冬天的大衣、棉服大多颜色暗一些,里面搭一件粉色卫衣,顿时就明亮很多,有一种“冬天来了,春天还会远吗”的感觉;而且春天的时候,可以外穿,走在春风杨柳之畔,妥妥的青春美少女一枚;初夏和夏末,它也可以穿,配一件白色短裙,你就是小仙女本仙;秋天的时候,你穿上它会比枫叶更娇美,和心爱的人一起爬山,你就是他最喜欢的风景。怎么样?一款春夏秋冬四季皆可的卫衣,今天下单,还有福利哦,原价499,今天的福利价只要199,拼手速啦。

这段话从颜色、搭配、价格方面介绍了一件实用的卫衣,四季皆宜,展现了这件卫衣高性价比的特点。

三、从众心理

有的用户购买某种商品往往不是因为需要,而是因为“大家都有了”“大家都在用”“大家都觉得不错”“我也来一个吧”的心理。所以主播在推介商品的时候,可以多讲讲商品的销量,讲讲这件商品的使用人群之广,从而促成下单。

例文:

每个女性最少要有五个包包,用来搭配不同的衣服,出席不同的场合。今天这款黑色菱格包包,可以搭配任何颜色的衣服,一年四季都可以背,是你的必备款。如果你还没有这样一个基础款的黑色菱格包,那就准备好抓紧拍,五秒之后上架,今天的福利款不多,大家拼手速啦!

“每个女性”“必备款”“基础款”,类似的话语往往让女性很自然地去想“我有没有啊”“我要不要来一个”,从而促成下单。

四、潮流心理

“跟随潮流的风向标”是许多人购物时的心态。这类用户在青年人中比较常见，在中年女性中也比较常见，他们喜欢赶“潮流”，追求时髦、新款。所以电商主播要多给这一类用户讲讲商品的时尚度，多推潮流爆款。

例文：

它在抖音、快手、小红书不断刷屏；它被一众时尚明星青睐；它让你双腿的视觉效果变长变细。它就是今年最火爆的单品——鲨鱼裤。今天直播间的爆款，就是这条潮爆了的××牌显瘦鲨鱼裤。

主播通过“在抖音、快手、小红书不断刷屏”“被一众时尚明星青睐”来提醒用户，这是潮流单品，走在时尚前沿的你还不赶紧买一条？

五、权威心理

人们的行为会受到权威人士的影响，一个人如果是业内专家、有名望的人，那他说的话往往就容易让别人相信。在大部分情况下，只要权威人士认可、赞同、褒奖，那么对于一些本来可买可不买的商品，人们也就下单了。现在不少商品请名人做代言，其原因就在于人们对权威的推崇和信任。

除了权威人士的话，权威机构的认定也能起到类似的作用。当然，前提条件是这些材料必须是真实的。

例文：

济南鲁味斋食品有限责任公司（商标：鲁味斋）被收录进由山东省商务厅、中共山东省委党史研究院、山东省老字号企业协会共同组织编写的《山东省老字号志》啦！鲁味斋，是始创于1927年的济南老字号熟食品牌，公司主营扒蹄、扒鸡、扒肘、凤爪、酱牛肉等地道酱卤美食。鲁味斋在1980年由第二代传人王瑞麟老先生在经三小纬六路继承祖业，开业几十年陆续荣获了济南名吃、山东名吃、济南非物质文化遗产、济南市老字号、济南名牌、山东省著名商号、中华名吃等殊荣，鲁味斋的食客遍布海内外。从王瑞麟老先生到第三代传承人王剑辉，传承的是工艺，不变的是初心、匠心。王剑辉始终认为老字号的发展离不开“坚持”和“品质”，就是将从祖爷爷一辈开始秉持的做事态度坚持下去。他说：“嘴上说得再漂亮，包装再好看，装修再精致，都不如真正把‘品质’做好，这才是老字号生存的根本。”

以上推介提到了鲁味斋入选《山东省老字号志》，提到了其荣获济南名吃、山东名吃、济南非物质文化遗产、济南市老字号、济南名牌、山东省著名商号、中华名吃等殊荣。这些推介的点都属于权威论证。再次强调，电商主播在推介商品时使用的论证材料一定要真实。

六、疑虑心理

有的用户因为对商品的质量不了解,难以产生信任,下单时犹犹豫豫的。这种犹豫的原因是怕上当。这类用户在购买商品的时候,对商品的质量还有一定的疑虑,所以电商主播要反复地向用户直观展示商品的材质、做工等,并讲明具体的售后服务。只有消除用户心中的疑虑,用户才会下单购买。

当然,还有一个重要的问题,那就是在选货环节就注重商品质量。货源质量有保证,主播讲起来才有底气。

例文:

(1)最让人放心的一点是,它主打孕妇可用,没有添加香料、酒精等物质。混油、敏感肌都能使用,不会闷痘长闭口,大家可以放心盘它!

“孕妇可用”说明产品成分安全、有保障,能让担心品质的用户比较放心地去购买使用,但前提是主播在选品的时候,要严格确认商品具备这些特质。

(2)朋友们放心拍,我们承诺七天无理由退货退款,而且承担运费险。你买回去如果不喜欢,只要不拆吊牌,不影响二次销售,都可以七天无理由退货退款。

很多用户有过退货不顺利的经历,浪费时间精力还生气。电商主播承诺七天无理由退货退款,并承担运费险,能让用户放心下单。

(3)公司承诺终身质保只换不修,如果你把牙刷头弄坏了,每个月可以免费领一个新的牙刷头,只需要付邮费就可以了。

如果一款商品不仅能七天无理由退货退款,还能终身质保,无异于给用户吃了定心丸。

第二节　实训内容

一、从廉价心理的角度展开对下列商品的推介(品牌、规格等信息自拟)

1. 垃圾袋
2. 玻璃水杯
3. 防滑鞋
4. 家居服
5. 运动裤
6. 书包
7. 不锈钢汤勺
8. 桌布
9. 纸巾盒
10. 沙发套

二、从实用心理的角度展开对下列商品的推介（品牌、规格等信息自拟）

1. 浴巾
2. 保温杯
3. 双肩包
4. 遮阳伞
5. 养生壶
6. 电动牙刷
7. 吹风机
8. 电烤箱
9. 一次性洗脸巾
10. 护手霜

三、从从众心理的角度展开对下列商品的推介（品牌、规格等信息自拟）

1. 女士皮包
2. 女士手表
3. 珍珠手链
4. 瑜伽服
5. 滑板
6. 男士手表
7. 男士运动鞋
8. 男士西装
9. 领带
10. 男士手包

四、从潮流心理的角度展开对下列商品的推介（品牌、规格等信息自拟）

1. 鲨鱼裤
2. 太阳镜
3. 滑雪板
4. 户外背包
5. 泳镜
6. 运动手环
7. 耳机
8. 冲锋衣
9. 扫地机器人
10. 香薰

五、从权威心理的角度展开对下列商品的推介（品牌、规格等信息自拟）

1. 香水
2. 唇膏
3. 铁锅
4. 月饼
5. 大米
6. 一本书
7. 一部电影
8. 咖啡
9. 运动装
10. 运动鞋

六、从疑虑心理的角度展开对下列商品的推介（品牌、规格等信息自拟）

1. 手机
2. 笔记本电脑

3. 蓝牙音箱
4. 电动剃须刀
5. 洗牙器
6. 豆浆机
7. 冰箱
8. 鹅绒被
9. 榨汁机
10. 电饭锅

第二十八章　商品推介的开场话训练

教学目的：学生掌握不同的商品推介开场方式。

教学要求：学生在实训中用不同的商品推介开场来组织语言，吸引用户注意，增强用户购买意愿。

重点难点：故事开场、聚焦痛点开场、场景开场、结合新闻开场。

课时安排：理论讲述1课时，小课实训4课时。

第一节　理论概述

推介每一件商品都需要一个好的开场，好的开场有利于主播迅速抓住用户的注意力和兴趣点。另外，人们在观看直播的时候，不仅是购物，同时还有一定的娱乐休闲需求。所以，有趣、有新意的开场就显得尤为重要。以下开场方式仅作为常见方式供读者学习使用，希望读者在此基础上，不断创造新方式。

一、提问开场

人们面对提问的时候，容易将自己代入其中，因此主播可以在提问时为用户设置一个场景，让其在场景中产生购物意愿。

例文：

姐妹们，熬夜之后的黑眼圈是不是超级难看？尤其是第二天有重要的约会或者会议，就更让人抓狂。今天给大家推荐一款我自己用过的××眼霜，超好用哦！

在这个开场中，用户很容易将自己代入“熬夜族”的角色，场景更是人们日常生活中所熟悉的，如约会、开会、面试等，容易唤起用户的购买意愿。

二、故事开场

好故事能够激发人们强烈的情绪，而且更容易形成记忆。主播可以利用人们对故事的天然喜爱，以一种更巧妙的方式吸引用户的注意，走进用户的内心。讲好故事能敲开用户的心门，拉近与用户的距离，激发用户的购买欲望。一个打动人心的小故事，往往胜过复杂单调的商品介绍。

例文：

昨天收到一个大姐的电话，她说给家里老人买的羽绒服已经收到了。老人还给她打电话说很合身、很喜欢。大姐说，让老人大年初一穿上新衣服是她的执念，因为虽然小时候家里经济条件不好，但是父母都会在大年初一早晨把新衣服放在她的床头，哪怕他们自己穿旧衣服过年。大姐还说，今年春节回家的可能性哪怕有百分之九十九，她也要提前预防那百分之一的不可能的出现。先买好新衣服快递回去，哪怕自己回不去，知道父母穿上了，心里也宽慰一些。

很高兴我们的羽绒服能为大姐的孝心做这么一点小小的贡献，不论多远，父母永远牵绊着我们的心，有机会我们还是多回家看看吧！

春节是阖家团圆的日子，父母曾经给儿女的那份春节的惊喜、那份绵长的爱，一直都在子女心中。给父母送上一份礼物、看到父母的笑容，是为人子女心心念念的春节大事。这个亲情故事勾画了一个很多人都会在春节期间遇到的场景，那就是不论自己身在何方，都要给父母送去一份温暖与爱。

三、低价福利开场

主播用低价福利开场，直截了当，让用户难以抵挡。对比之下的超低价位永远是吸引用户的不二法宝。

四、幽默的话开场

幽默是人们进行社交、沟通的桥梁，幽默使人快乐愉悦。大家平时工作、学习压力大，有空的时候看看直播带货，除了购物外，还希望有片刻的轻松。因此主播在直播带货的时候，用幽默的语言开场，往往能令用户产生愉悦的情绪，吸引用户观看。

例文：

今天给大家推荐的这款好物，那简直是妙脆角妈妈给妙脆角开门——妙到家了；吴京踩了周杰伦——精彩绝伦(京踩杰伦)啊！现在大家瞪大你的卡姿兰大眼睛，当当当当，就是它。你可能会说，这是啥？这是一块布吗？没错，它是用落棉做成的洗碗布。

(石梦阳)

在上面的开场中，主播用歇后语和押韵构句法让语言变得幽默和接地气，用户可以在轻松的氛围中收看商品介绍。直播带货的大众化属性决定了这种表达会让用户身心放松。

五、聚焦痛点开场

当今社会，人们生活工作的压力比较大，担忧焦虑的事情也比较多。电商主播要学会寻找用户担忧、关心、焦虑的问题，从而有针对性地为用户推介能缓解焦虑、解决问题的商品。

例文：

孩子做作业总是拖拖拉拉、磨磨蹭蹭，一会儿渴了，一会儿困了，一会儿要上厕所，一会儿要吃苹果，对生活、对学习都没什么规划，气得家长肝儿颤。面对孩子的这些表现，家长该怎么办？做家长的要教会孩子自我管理时间。那么如何让孩子具有自我管理时间的能力，在生活和学习上变得自律、主动、有计划性呢？今天给大家推荐这套书——《谁偷走了我的时间》就能帮助家长解决这个问题。这套书是中文全彩引进版，是国际教育专家专门写给5到12岁的孩子看的，有文有图有拼音，生动有趣，孩子们可以自主阅读。

哪一位家长不为孩子的学习问题担忧焦虑呢？比如"拖拖拉拉、磨磨蹭蹭""对生活、对学习都没什么规划"。聚焦痛点，往往能让处在焦虑中的人们下单购买解决问题的方法指南。

六、名人背书开场

名人可以是明星、行业专家，甚至企业家本人。名人为商品背书，可以增加商品的接受度、认可度，是商品在短时间内获得认可的"捷径"。

名人背书可以做开场，也可以用在推介商品的中间或者结尾，并无一定之规，但是用在开场会比较夺人眼球。

例文：

《在你们离开以前》是一本治愈两代人的生命自渡书。许晴、黄晓明、岳云鹏、尚雯婕、袁弘等数十位名人倾情推荐，《光明日报》《财新周刊》《南方都市报》《新京报》等多家媒体持续报道。自面世以来，这本书连续获得当当、京东、微信读书等各大榜单冠军，豆瓣评分8.6分，推荐指数90分。书中除了作者与父母、祖父母三代人的相处、相爱、和解与离别的动人故事外，还有32个至亲骨肉的生死离别。作者毕啸南以克制、深情、赤诚的文笔获得了各界好评。

"许晴、黄晓明、岳云鹏、尚雯婕、袁弘等数十位名人倾情推荐"，用户看到这样的介绍很容易产生一睹为快的购买心理。更何况它还是被多家媒体报道，连续获得当当、京东、微信读书等各大榜单冠军，豆瓣评分8.6分，推荐指数90分的一本书呢！

七、场景开场

具体的场景往往能引起人们的回忆或者是向往。用场景开场可以把用户带到美好的回忆或者向往中。这时,商品就变成了一种媒介,一种把人们带入回忆或者向往的场景中的媒介。

例文:

"下初雪的时候,怎么能没有啤酒和炸鸡呢?"多年前《来自星星的你》里千颂伊的这句经典台词,你还记得吗?天气预报说过两天就要下雪了,今天我们给大家带来一款×××1公斤装的原味鸡块半成品,让你体会到千颂伊的快乐。

下初雪的时候吃炸鸡、喝啤酒,是看过《来自星星的你》的人难以忘怀的镜头。用这个场景开场,可以让用户联想到和爱人、家人一起分享美食的场景,从而购买商品。

八、结合新闻开场

结合新闻开场往往能吸引人们的关注,而且更容易形成记忆。

例文:

前世界银行行长,因为一双破洞袜上了头条;西装男,跷腿露出的丝袜,吓跑了相亲对象。为什么这么多人都栽在这小小的袜子上呢?因为袜子能看出一个男人的品位。今天机哥就传授大家穿袜秘籍。

(抖音号:铁血缝纫机)

"前世界银行行长,因为一双破洞袜上了头条",世界银行行长的身份与袜子上的破洞形成了强烈的反差;"西装男,跷腿露出的丝袜,吓跑了相亲对象",这幅画面也是让人忍俊不禁。主播结合新闻开场,既幽默又点明主题。

第二节　实训内容

一、提问开场(品牌、规格等信息自拟)

1. 眼霜
2. 面膜
3. 护手霜
4. 手套
5. 围巾

二、故事开场（品牌、规格等信息自拟）

1. 项链
2. 手链
3. 耳钉
4. 戒指
5. 手镯

三、低价福利开场（品牌、规格等信息自拟）

1. 碗
2. 水彩笔
3. 洁厕灵
4. 浴巾
5. 洗手液

四、幽默的话开场（品牌、规格等信息自拟）

1. 毛绒玩具
2. 跳绳
3. 增高鞋垫
4. 防臭袜
5. 垃圾桶

五、聚焦痛点开场（品牌、规格等信息自拟）

1. 防滑老年鞋
2. 尿不湿
3. 全麦面包
4. 油醋汁
5. 驼背矫正器

六、名人背书开场（品牌、规格等信息自拟）

1. 一本书
2. 运动鞋
3. 葡萄酒

4. 芝麻丸
5. 洗发水

七、场景开场（品牌、规格等信息自拟）

1. 羊绒围巾
2. 钢笔
3. 烤箱
4. 巧克力
5. 床垫

八、结合新闻开场

自选商品，结合新闻开场

第二十九章　完整的商品推介步骤

教学目的：学生掌握完整的商品推介步骤。

教学要求：学生在实训中按照完整的商品推介步骤组织语言，完成直播。

重点难点：推介产品卖点。

课时安排：理论讲述 1 课时，小课实训 8 课时。

第一节　理论概述

一、自我介绍

让用户迅速了解你是谁、擅长什么、准备推荐什么商品。

例文：

(1)大家好，我是主播××，欢迎大家来到我的直播间。我是一名有着 3 年卖货经验的淘宝店主，同时也是一个美妆博主。如果你想学习化妆技巧可以点击关注，我会在直播间定时分享实用的美妆知识，谢谢大家的支持。

(2)大家好，我是主播×××，欢迎大家来到我的直播间。我是一家海产品店的老板，这家店我已经经营了 7 年，所有产品都是我在渔民那里上的直接拉到自己的厂子加工生产的，保证让大家吃到的都是货真价实的新鲜海产品。

二、介绍商品所获荣誉、名人代言、品牌文化等

向用户说明每款商品在几号链接，获得过什么奖项、荣誉，哪位名人使用过、代言过，有什么品牌历史、品牌文化，等等。

例文：

（1）一号链接是久负盛名的德州扒鸡。3月2日，山东省政府新闻办召开新闻发布会，发布第一批223家“好品山东”品牌名单，山东德州扒鸡股份有限公司榜上有名！今天，它来我们直播间了！它就是500克的五香味招牌公鸡，保质期60天，两只的价格更优惠哦……

（2）一起看一下6号宝贝的链接，马应龙八宝金珍珠眼霜。早在明朝，马应龙就开始做眼药膏了。它们家做护理眼周的产品已经有四百多年的历史了！

三、推介商品卖点

向用户介绍商品的核心卖点，比如特殊的材质、与众不同的工艺、独特的用料、能够满足用户的哪些需求，等等。

在直播带货的过程中，“专业”是品质的保障。主播对商品的了解程度越高，专业性越强，其信誉度就越高，用户购买商品的可能性就越大。因此主播需要持续加强自身的业务能力，让自己成为专业人士，更利于消费者放心购买。

例文：

4号链接是德州扒鸡年轻化的口味新品——藤椒味扒小鸡，选取的是自有养殖的小雏鸡，肉质鲜嫩，成品克重为300克，可以一人食，也可以和朋友分享。它以老汤的十六味香辛料为基础，实验出与青藤椒的配比，以扒制手法入味，使藤椒味深入骨中，真正做到一吃上瘾，好吃到爆炸。

四、试用商品

电商主播或助理试穿、试用、试戴、试吃推介的商品，能让用户直观地了解商品，产生下单的意愿。

例文：

给大家试吃一下4号链接的藤椒味扒小鸡。先给大家看一下配料表（镜头前展示），干干净净无添加剂哦。拆开之后可以直接吃，无须加热，适合加完班回到家已经累瘫饿惨的我们。一只300克，饭量大的一个人吃正好；饭量小的呢，可以中午吃一半，晚上吃一半，既满足又不浪费。我先撕只鸡腿尝一下，嗯，有嚼劲还不柴，有一点辣，味道鲜香，而且鸡骨头也是酥的哦。给大家看一下肉的颜色（镜头前展示），很新鲜，让人很有食欲。我之前试过用蒸锅稍微加热一下，会蒸出一点汤汁来，味道就更鲜了，肉质也更软嫩。怎么形容呢？好吃到想让你呼朋引伴，然后大家人手一只，大快朵颐。

五、坦诚告知用户商品可能存在的风险、问题、不适宜人群等

如同没有“完人”，商品往往也存在某些方面的问题或者有不适宜使用的人群。在直播

带货的过程中,有的主播为了提高销量会过度美化商品,对于商品可能存在的问题略过不提或者言辞闪烁。其实这种做法并不明智,主播过度美化商品会让用户产生过高的期待,如果收到的商品与预期相差太多,就会产生心理落差,不仅感觉被骗了,还可能退货,并且对主播的信任也容易消失。

主播明确告知用户商品可能存在的风险、问题、不适宜人群等,会让用户产生“主播真的在为我们考虑,而不是单纯地想提升销量”的想法,从而使用户放心购买,帮助主播塑造良好的商业形象和带货口碑。

六、价格优惠

主播推介商品时应注意提及价格,如该商品优惠较多时,重点进行价格对比(不同时间段的价格、与其他平台不同的价格等)。

七、消除用户疑虑，提醒用户下单

在推介的最后,主播一定要打消用户可能产生的疑虑,最好的方式就是承诺七天无理由退货。这一点在前面已经讲过,在此不再赘述。

以上七个环节是一件商品的完整推介、销售流程,在直播带货的即兴语言表达过程中,我们要尝试将前面章节所学的技巧、方法综合运用其中。

第二节　实训内容

一、自选商品，完成完整的推介、销售流程，尝试将前面章节所学的技巧、方法综合运用其中

二、完成以下农产品的直播带货流程（品牌、规格等信息自拟）

1. 紫薯
2. 水果玉米
3. 橙子
4. 大米
5. 生蚝

三、完成以下服装类产品的直播带货流程（品牌、规格等信息自拟）

1. 牛仔裤
2. 家居服
3. 羊绒衫
4. 羊毛裤
5. 羽绒服

四、完成以下食品类产品的直播带货流程（品牌、规格等信息自拟）

1. 速溶咖啡
2. 薯片
3. 酸奶
4. 八宝粥
5. 牛肉棒

五、完成以下床上用品的直播带货流程（品牌、规格等信息自拟）

1. 枕头
2. 凉席
3. 夏凉被
4. 床单
5. 羽绒被

六、完成以下日化产品的直播带货流程（品牌、规格等信息自拟）

1. 洗发水
2. 洗手液
3. 香皂
4. 护发素
5. 沐浴露

七、完成以下化妆品的直播带货流程（品牌、规格等信息自拟）

1. 眉笔
2. 唇膏
3. 修容粉饼

4. 睫毛膏
5. 粉底液

八、完成以下电子产品的直播带货流程（品牌、规格等信息自拟）

1. 手机
2. 平板电脑
3. 耳机
4. 智能手表
5. 电子阅读器

九、完成以下家用电器产品的直播带货流程（品牌、规格等信息自拟）

1. 微波炉
2. 空气炸锅
3. 洗衣机
4. 吸尘器
5. 冰箱

图书在版编目(CIP)数据

电商主播表达训练教程 / 李新宇,吴娟娟编著. -- 北京：中国传媒大学出版社，2023.6
(2024.9 重印)
普通高等教育“十四五”规划教材. 播音与主持艺术专业训练教材
ISBN 978-7-5657-3237-9

Ⅰ. ①电… Ⅱ. ①李… ②吴… Ⅲ. ①网络营销—语言表达—高等学校—教材
Ⅳ. ①F713.365.2

中国版本图书馆 CIP 数据核字(2022)第 130781 号

电商主播表达训练教程
DIANSHANG ZHUBO BIAODA XUNLIAN JIAOCHENG

编　　著　李新宇　吴娟娟
策划编辑　赵　欣
责任编辑　张　笛　高卓毓
封面设计　拓美设计
责任印制　李志鹏

出版发行　中国传媒大学出版社
社　　址　北京市朝阳区定福庄东街 1 号　　**邮　　编**　100024
电　　话　86-10-65450528　65450532　　**传　　真**　65779405
网　　址　http://cucp.cuc.edu.cn
经　　销　全国新华书店

印　　刷　唐山玺诚印务有限公司
开　　本　787mm×1092mm　1/16
印　　张　13.75
字　　数　300 千字
版　　次　2023 年 6 月第 1 版
印　　次　2024 年 9 月第 2 次印刷

书　　号　ISBN 978-7-5657-3237-9/F · 3237　　**定　　价**　49.80 元

本社法律顾问:北京嘉润律师事务所　郭建平